El código
de las emociones

JUAN ANTONIO LÓPEZ BENEDÍ

El código
de las emociones

Cómo nos afecta la química
de nuestros cerebros

EDICIONES OBELISCO

Si este libro le ha interesado y desea que le mantengamos informado
de nuestras publicaciones, escríbanos indicándonos qué temas son de su interés
(Astrología, Autoayuda, Ciencias Ocultas, Artes Marciales, Naturismo, Espiritualidad,
Tradición…) y gustosamente le complaceremos.

Puede consultar nuestro catálogo en www.edicionesobelisco.com

Colección Psicología
EL CÓDIGO DE LAS EMOCIONES
Juan Antonio López Benedí

1.ª edición: febrero de 2016

Maquetación: *Marga Benavides*
Corrección: *Sara Moreno*
Diseño de cubierta: *Enrique Iborra*

Edita: Ediciones Obelisco, S. L.
Pere IV, 78 (Edif. Pedro IV) 3.ª planta, 5.ª puerta
08005 Barcelona - España
Tel. 93 309 85 25 - Fax 93 309 85 23
E-mail: info@edicionesobelisco.com

ISBN: 978-84-9111-068-2
Depósito Legal: B-1.117-2016

Printed in Spain

Impreso en España en los talleres gráficos de Romanyà/Valls S. A.
Verdaguer, 1 - 08786 Capellades (Barcelona)

Introducción

Cuando yo tenía dieciocho años mi padre murió de cáncer. Él tenía entonces cuarenta y cuatro. Un mes antes de su muerte, cuando aún no le habían detectado el tumor y lo trataban con un diagnóstico equivocado, tenía tanto dolor en el vientre que no podía dormir tumbado en la cama. Para descansar por las noches se quedaba sentado en un sillón de la sala de estar. Hasta ese momento, como suele ocurrir entre padres e hijos adolescentes, llevábamos años discutiendo sobre diferentes asuntos de la vida. Yo criticaba su forma de pensar, sus costumbres y su visión de la existencia. Él se empeñaba en decirme que estaba muy equivocado en mis ideas y que cuando me hiciera mayor se me irían todas esas tonterías de la cabeza. Yo por entonces había descubierto los valores de la meditación y había vivido experiencias místicas que abrieron grandes horizontes en mi vida. Comenzamos a entendernos cuando yo me sentaba a su lado en las noches de dolor y compartía con él mi visión optimista de la vida, mi esperanza en un mundo mejor. Una noche me confesó que lo único que calmaba su malestar, lo que aliviaba su sufrimiento, era que yo le hablara. Eso fue un par de días antes de descubrir que se encontraba en la fase terminal de un cáncer de colon. Después, mientras esperaba a ser sometido a cirugía en el hospital, yo traté de seguir ayudándolo. Pero entonces no tenía preparación suficiente. Sólo conseguí llegar a reducir un poco su proceso a través de la cercanía afectiva; compartiendo el cariño sincero que sentía.

Después de su muerte me formé en hipnosis y estuve participando durante un tiempo en experimentos e indagaciones en esa área, en la Sociedad Española de Parapsicología. Allí aprendí muchas cosas que me permitieron ampliar las primeras experiencias curiosas que tuve con la sugestión y la alteración de conciencia a los quince y dieciséis años. En un principio, la hipnosis para mí era un juego. Así lo viví con mis amigos. Aquel juego divertido nos permitía inducir a otros en las experiencias más disparatadas que se nos ocurrían, como por ejemplo poner la brasa de un cigarrillo encendido en el brazo de un amigo sin que se quemara y conseguir que otro al tocar un bolígrafo bajo la sugestión de que se trataba de un hierro calentado al rojo generara una quemadura con ampolla inmediata en su piel. Así, poco a poco, fui descubriendo las posibilidades de la mente y el mundo que se oculta detrás de la sugestión, los sueños y la fantasía.

Tras mi paso por la comisión de hipnosis de la Sociedad Española de Parapsicología seguí formándome en diferentes aspectos. Descubrí la hermenéutica, el mundo de los símbolos y el psicoanálisis en la Universidad Complutense de Madrid, en mis estudios del doctorado en Filosofía. Amplié mis conocimientos y prácticas con diferentes técnicas de psicoterapia y comencé a colaborar con una clínica en la que se hacía diagnóstico precoz del cáncer y un tratamiento natural preventivo para evitar que se desarrollara. Este diagnóstico se llevaba a cabo a través de unos análisis cristalográficos de la sangre que, por aquel tiempo, se realizaban en Alemania. Mi labor consistía en suavizar el impacto emocional que se generaba en los pacientes a los que se les anunciaba que podían desarrollar un cáncer en veinte años, pero que esa tendencia se podía eliminar por completo. No obstante, también llegaron a la clínica ciertos pacientes desahuciados ya por la medicina alopática, buscando casi un milagro para superar el dolor de tumores en fase terminal. De ellos también me ocupaba y viví experiencias muy enriquecedoras que me hicieron ocuparme después de ayudar en la fase de cercanía a la muerte y en los procesos de duelo. En este último aspecto estuve colaborando en un máster para médicos, psicólogos y personal sanitario que se impartió en la Universidad Pompeu Fabra de Barcelona. Resultaba muy difícil anunciar la muerte y acompañar en el proceso para aliviar el sufrimiento de los enfermos. Pero para entonces yo ya había desarrollado protocolos de actuación, una metodología aplicable eficaz y una visión del mundo coherente con el sentido de la vida, que yo mismo practicaba. En la actualidad sigo ayudando a muchas personas a afrontar y reducir el sufrimiento físico y psicológico en muy diferentes formas y lugares.

Recuerdo las últimas palabras de un ingeniero de cuarenta años en la fase final de un cáncer terminal: «No sé si saldré de esto, pero te agradezco tu ayuda. Mi vida ha cambiado radicalmente y ahora siento y veo todo de una forma muy diferente. Me siento feliz». Cuando este hombre llegó a la clínica, en Madrid, ya estaba desahuciado y sólo quería eliminar el dolor. Era un hombre muy técnico, racionalista y escéptico que declaraba no tener sentimientos de afecto. Sólo le preocupaba morir, porque al hacerlo faltaría a su obligación de protección y sustento económico para su mujer y su hija.

En muchas otras ocasiones, los cuidados paliativos ayudaron a que los tratamientos naturales que se aplicaban en la clínica se hicieran más rápidos y eficaces para tratar o evitar el cáncer, cuando se lograba detectar con tiempo suficiente. Así ocurrió con una ejecutiva de *marketing* con treinta y cuatro años a la que se le detectó de forma embrionaria un cáncer de mama. En unos cuatro meses desaparecieron todos los índices de la enfermedad sin ningún tipo de secuela.

Con respecto al apoyo en casos de pérdidas de familiares y la elaboración del duelo, estuve trabajando con padres que habían perdido hijos adolescentes. Dejo constancia de algunos de estos casos en mi libro *Regresiones*.[1] En aquellas sesiones grupales y personales aparecie-

---

1. López Benedí, J. A. *Regresiones*. Ediciones Obelisco, Barcelona, 2008.

ron casos verdaderamente impactantes y significativos que sería demasiado largo detallar aquí. Pero todos los padres implicados en el proceso sintieron el alivio a su dolor y la apertura a un nuevo mundo de experiencias emocionales gratificantes que ni siquiera sospechaban que pudieran existir.

Este tipo de apoyo o cuidados paliativos no son aplicables sólo a enfermos, sino también a quienes los cuidan en razón de sus vínculos familiares o de forma profesional. En mi trayectoria he dado apoyo a muchas enfermeras agotadas emocionalmente en su contacto diario con el sufrimiento y la muerte. Recuerdo el caso de una de ellas, en Madrid. Cuando vino a verme tenía veintisiete años, estaba de baja por depresión y llegó acompañada por su hermana porque no se atrevía a salir ella sola a la calle. Había tenido varios intentos de suicidio. Pero en seis meses se había recuperado hasta el punto de presentar un proyecto empresarial de servicios de mejora de la salud y prevención de enfermedades. Otro caso fue el de una maestra de atención especial que trabajaba con paralíticos cerebrales fundamentalmente y tenía un marido con brotes esquizofrénicos. Ella vivía y trabajaba en ese tiempo en Albacete. El desbloqueo y refuerzo emocional con el que trabajamos se convirtió en el elemento decisivo para poder mantener su trabajo y a su familia sin desfallecer.

También ocurrió que el 13 de marzo de 2004, dos días después de los atentados en Madrid, yo tenía programados unos talleres de risoterapia en el Hospital Carlos III para personal sanitario. A esos talleres asistieron algunos de los que estuvieron dando apoyo con los cadáveres y víctimas de los atentados. El relaciones públicas del hospital informó de ello a los principales medios de comunicación y durante las tres horas de ese primer taller de risoterapia tuvimos las cámaras y los periodistas de las principales cadenas de televisión del país observando en tiempo real y entrevistando a los participantes. La transformación emocional producida fue palpable y todavía pueden encontrarse registros de ella a través del testimonio de algunos de los participantes entrevistados sin previo aviso. Justamente en ese tiempo yo me encontraba escribiendo mi libro *Reír, para vivir mejor,*[2] en el que dejo constancia del impacto de aquellos días, junto con ejercicios de apoyo para practicar en casa.

Otro caso especialmente significativo es el de un hombre de Madrid, jubilado, con sesenta y siete años. Había comenzado a sentir molestias a raíz de la jubilación. Finalmente le diagnosticaron un tumor en el hígado. Aquello le asustó y se encontraba desmoralizado. Vino a verme acompañado por su mujer. Su objetivo era encontrar alivio a través de un procedimiento complementario con el tratamiento médico que seguía. Su proceso no era especialmente doloroso. No buscaba ninguna fórmula para reducir el malestar físico. Sólo se apreciaba en él una gran tristeza. Sus familiares habían observado la decadencia en su aspecto y en su sentido del humor. Les parecía que hubiera envejecido muchos años de golpe. Procedí con un proceso de inducción para que se viera internamente. Le propuse que observara sus órganos. Al llegar al hígado describió tres «bolitas», que se correspondían con los tumores. En ningún momento le dije que tuviera que ver nada allí. Pero él pareció entusiasmarse porque las veía «con toda claridad». Después de una búsqueda de lo que pudiera dar un sentido especial a su vida en ese momento, apareció un fuerte impulso por ayudar a los demás. Siempre quiso aliviar el dolor y el malestar ajeno, aunque nunca se sintió especialmente dotado para ello. Focalicé entonces sus sensaciones para que notara una especie de energía fluyendo por todo su cuerpo. En ese proceso de visualización sentía entusiasmo y notaba que las «bolitas» del hígado se diluían. Él mismo se admiró al observar que ese flujo energético parecía absorberlas. Al terminar la sesión le propuse que mantuviera aquella imagen de los tumores disolviéndose en la energía blanco azulada. Le sugerí, además, que probara con cu-

---

2. López Benedí, J. A. *Reír, para vivir mejor.* Ediciones Obelisco, Barcelona, 2005.

riosidad aplicando la energía de sus manos para aliviar el malestar de otras personas. Por supuesto, también debería hacerlo con el suyo. Le propuse que se dejara llevar, aunque no tuviera conocimientos sobre la materia. Después podría formarse, si lo deseaba. Pero lo importante era «jugar» a sentir y compartir ese flujo de energía sanadora cada día. Y así lo hizo. Durante un año, paralelamente al tratamiento médico que seguía para su enfermedad, mejoró su calidad de vida. Las personas a las que trataba de ayudar le manifestaban su gratitud. Realmente se sentían mejor. Aquello le motivó mucho, cambiando radicalmente su propio proceso.

En cuanto a la contrastación científica de estos procesos, participé en una investigación que se llevó a cabo en el Centro Nacional de Parapléjicos en Toledo. Un equipo internacional de neurólogos del centro me convocó para comprobar las reacciones fisiológicas que se producían en estados de alteración de conciencia. Yo induje el trance en tres de los neurólogos especializados en diferentes áreas: biología, medicina e ingeniería neurológica. En todos los casos, incluso cuando de manera oculta y premeditada uno de ellos trató de ser resistente a las sugestiones, se comprobó la alteración clara de los registros neuronales en el sistema nervioso en todo el cuerpo en quince minutos. Las ondas registradas eran similares en los tres casos y se diferenciaban claramente de las producidas en el estado de vigilia y sueño.

En los últimos años, entre otros países, he ido frecuentemente a Suecia. En Gotemburgo he colaborado en diferentes procesos, como apoyo a los tratamientos de acupuntura del doctor Boris Draguin. En este caso se han dado otras peculiaridades, como es la ayuda para el desbloqueo y refuerzo emocional en una lengua diferente a la propia y que no hablo en absoluto. Pero contando con la traducción del doctor Draguin hemos podido comprobar la eficacia en los resultados, especialmente en ciertos casos de pacientes resistentes o que no conseguían resolver del todo sus procesos por medio de la acupuntura y otras formas de tratamiento, natural o alopático. Recientemente, el doctor Draguin comentaba después de una de las sesiones: «La verdad es que ocurre algo especial. Todos los pacientes salen muy contentos. Pero no sólo ellos. Yo también me siento mucho mejor después de servir como traductor en las sesiones. Me encuentro más optimista, más creativo y eficaz a la hora de poner las agujas».

Algunas claves para mejorar la eficacia en los procesos de ayuda

A través del método que denominé «la codificación regresiva» pude comprobar la viabilidad y certeza del lenguaje o código específico de las emociones. Tal procedimiento se basa en la coordinación coherente del lenguaje conceptual. Con esto me refiero a la forma de superar las habituales desconexiones o contradicciones que solemos experimentar entre los diferentes aspectos de nuestra naturaleza humana. Para ello, he venido haciendo uso de la asociación simbólica libre, natural en todo ser humano, como reflejo de la sensibilidad emocional y su representación subjetiva, es decir, *el código de las emociones.* A ello me refiero de forma específica y pormenorizada en el presente libro. Su operativa práctica ha demostrado ser muy efectiva en el 99 por 100 los casos en los que la he aplicado, desde 1987. Las personas tratadas por medio de este código confirman siempre una sensación de bienestar inmediata en cada sesión, descrita como «alivio y ligereza». Esta experiencia se traduce después en una mejora constatable, en algunas ocasiones con verdadero asombro. Tal bienestar se refleja en las relaciones afectivas específicas tratadas, que pueden guardar relación con terceros o con la misma persona, es decir, con su autoestima y potenciación de habilidades sociales previas.

Esta metodología, este código de las emociones, se encuentra especialmente indicada para quienes se dedican a la práctica de la psicoterapia y como complemento de otros procedimientos o técnicas terapéuticas, como puede ser la acupuntura, la reflexología, el masaje o el biomagnetismo, entre otras, además de la medicina alopática tradicional. Por su mediación se ofrece una sencilla aplicación altamente eficaz por los resultados que genera de forma inmediata. En ella se combina el sondeo del subconsciente de la persona, a través de imágenes oníricas o fantasías, con procesos de retroalimentación en un estado alterado de conciencia. De esta forma se supera la resistencia de los individuos que sufren procesos neuróticos, permitiendo ajustes que facilitan enormemente el trabajo terapéutico.

Propuesta conceptual para el término «emoción»

Antes de seguir avanzando hacia la comprensión y aplicaciones de este código de las emociones, es importante ponernos de acuerdo en una primera base conceptual aplicable al término de «emoción». Todos tenemos una noción intuitiva al respecto. Todos los seres humanos, en las condiciones de salud y consciencia que tendemos a considerar normales, las hemos experimentado y seguimos haciéndolo. Por ello mismo, partiendo de esta noción intuitiva, podemos conceptualizarlas como «aquellos procesos prerracionales que nos mueven o impulsan en forma positiva o negativa». La forma positiva de tales impulsos nos facilita el desarrollo de nuestras conductas, ya sean éstas de tipo cognitivo únicamente o motoras. En consecuencia, las vemos vinculadas con otro concepto muy al uso en la actualidad: la motivación. Tenemos así que las emociones, en su sentido positivo, se identifican con nuestros procesos básicos de motivación. Ahora bien, en su aspecto negativo, su función es la contraria. Las emociones negativas nos bloquean o alteran nuestros procesos voluntarios en diversas formas, dificultando en diferentes grados nuestra capacidad de análisis, toma de decisiones y aplicabilidad de estas últimas. Cuando no podemos aplicar, llevar a la práctica, las decisiones que tomamos, tenemos como consecuencia una falta de coherencia que suele afectar, consciente o inconscientemente, nuestra autoestima, autoimagen y valores personales. Esto último es también una experiencia tan habitual en nosotros mismos y en las personas que nos rodean que será suficiente con observarnos y observar nuestras conductas diarias para darnos cuenta de la evidencia. No obstante, iremos entrando con más detalle en ello.

Antecedentes en relación con los procesos a considerar

John Nathaniel Rosen, psiquiatra estadounidense, publicó sus experiencias con técnicas que él denominó «psicoanálisis directo». Tales procesos se aplicaron para la recuperación de la psicosis sin el uso de medicamentos, con resultados muy exitosos. Ofrece sus resultados clínicos en diferentes libros. Partiendo de estas propuestas, seguí documentándome y trabajando sobre experiencias prácticas. Con todo ello fui construyendo la metodología que ahora practico. En ella se combinan mis propias investigaciones relacionadas con la hermenéutica de los sueños. También indagué en otros símbolos y desarrollos legendarios del imaginario colectivo, que constituyen la base de mi tesis doctoral titulada: *Educación en valores a través de los mitos y las leyendas.* Además, los procesos e investigaciones relativos a la hipnosis y la alteración de la conciencia, desarrollados como teoría y práctica desde los tiempos de mi adolescencia, fueron otro elemento de soporte fundamental. En este último ámbito fui depurando la técnica hacia pautas exclusivamente comunicativas. Por otra parte, tales experiencias mostraron también su eficacia en los múltiples seminarios sobre técnicas de comunicación impartidos a profesionales de diferentes ámbitos e instituciones públicas y privadas. A todo ello se añaden las investigaciones llevadas a cabo por

Paul Ekman, profesor de Psicología de la Universidad de California. A grandes rasgos, tales han sido los antecedentes básicos que me permitieron ir asentando la metodología operativa a la que se refiere el presente texto, como un auténtico «código emocional».

1

Códigos simbólicos y metáforas en la vida cotidiana

Lo propio de lo humano parece encontrarse en el desarrollo especial de su cerebro, volcado a la capacidad de acumular experiencia, hacer extrapolaciones de ésta, combinar los datos o representaciones en formas diferentes a las dadas, expresarlo y compartir tales conocimientos o elaboraciones con sus congéneres, llegando a aplicar todo el proceso en una tarea de transformación del entorno para que sea éste, y no a la inversa, el que se adapte a las necesidades o requerimientos que su naturaleza le impone. Es decir, que por medio de toda esa compleja estructura dinámica conseguimos, por ejemplo, mantener unas cotas mínimas de calor, imprescindible para la supervivencia. Así evolucionaron nuestros antepasados envolviéndose en pieles de otros animales mejor adaptados antes de cambiar la suya. También podemos valernos de herramientas diversas para aumentar nuestra fuerza, como han sido las mazas desde la antigüedad y sofisticados recursos técnicos y maquinaria en la actualidad. Los primeros homínidos lograron producir heridas mortales en los feroces adversarios que se encontraron en el reino animal, supliendo garras y colmillos con lanzas, flechas o cuchillos. Atraparon animales más veloces o demasiado grandes con trampas, elaboraron hábitats cada vez más seguros y confortables, etc. Y para todo ello disponemos de tres cualidades básicas y propias: la memoria, la imaginación y el lenguaje. De ellas partiremos como raíces explicativas, como raigambre del simbolismo y codificación originaria de nuestro mundo emocional. Serán por lo tanto la base operativa de acceso de codificación emocional que nos proponemos llevar a cabo en el presente trabajo.

Es de suponer que la incapacidad de respuesta ante las agresiones de otros animales o de la naturaleza generara en nuestros antecesores un temor que, en muchos casos, afectara gravemente su psiquismo incipiente. Podemos entender, por analogía con los comportamientos humanos actuales, y salvando las distancias, que la génesis de ciertas patologías paranoicas se establece en sustos o sensaciones de desamparo existencial, que se introyectan produciendo pesadillas o fantasías, que pueden cobrar un dinamismo propio e incluso predominante frente a otros factores percibidos en el entorno inmediato exterior. Tal es el caso, por poner un ejemplo, de los niños que sueñan con brujas que los aterrorizan, durante el primer año de escolarización o la separación de sus padres para ir a una guardería. Propondremos la conjetura de que la persecución de animales salvajes carnívoros, como el lobo de nuestras latitudes o el tigre, el león y el puma en otras, produjera un impacto fuerte, unido a la actividad de volcanes, terremotos, tormentas, lluvias torrenciales, fuegos, etc. Tal repercusión aguda en las conciencias incipientes más débiles o sensibles dio lugar, sin duda, como sigue ocurriendo en nuestros días y se detecta también en los animales, a una actividad onírica poderosa, en forma de pesadillas, que serían el desahogo y reflejo de lo experimentado vitalmente. La mayor parte de estos sueños no se recuerdan. Pero a veces, cuando la tensión emocional es muy fuerte, dejan secuelas duraderas. De todos son conocidas las investigaciones psicoanalíticas desarrolladas a partir de Sigmund Freud. En esta línea, puede sernos de utilidad considerar las reflexiones que desarrolla un psiquiatra norteamericano, el doctor J. N. Rosen (1975), que desarrolla, partiendo de su trabajo clínico, un esfuerzo por tratar las psicosis sin medicamentos y obtiene éxito en un alto porcentaje de casos, que él mismo muestra por las fichas de pacientes en su libro:

> Las psicosis y los sueños, o más correctamente las psicosis y las pesadillas, tienen mucho en común. Freud hizo esta observación en *La interpretación de los sueños*. El material que ambos utilizan proviene del inconsciente y mientras el psicótico y el soñador alucinan, la función del sistema consciente se pierde. En ambos casos, el ego queda dolorosamente débil. Pero las psicosis no son, sin embargo, literalmente hablando, sueños, y vendría al caso preguntarnos qué impide al psicótico despertarse como hace el soñador. En el soñador, el despertar del ego es un proceso fisiológico reversible, mientras que en el catatónico, el débil ego es la resultante de un deterioro patológico. El sueño que triunfa defiende el dormir y vence la ansiedad mediante la ayuda del preconsciente. En la pesadilla, el sueño falla en su defensa por estos medios, pero, al despertarse, la psique tiene a su disposición todos los refuerzos del ego consciente, de forma que la vida puede continuar de un modo relativamente normal. En el caso de la agitación catatónica, estamos enfrentándonos a una pesadilla continua en la cual no existe despertar, puesto que el ego consciente, que debería haber acudido al rescate, se compone de restos o sombras del ego normal, y forzosamente ha de fallarle al doliente. (Págs. 53, 54)

Dentro de nuestra analogía temporal, podemos suponer, con todo derecho, que tales casos se dieron abundantemente. Tras el citado fenómeno de la conciencia aparecen asociadas las funciones básicas de la imaginación, forjadora de las ensoñaciones diurnas o nocturnas, y la memoria, por la fuerza que observamos hoy en su génesis cuando el acontecimiento va asociado a un sentimiento poderoso. El siguiente paso natural, en la economía de la psique humana, es la necesidad de expresión. Ésta, cuando va referida a objetos del mundo físico, puede consistir en sonidos guturales o gestos meramente indicativos. Pero al tratarse de elementos subjetivos puros, como las alucinaciones o representaciones oníricas, mueve a la necesidad de encontrar un tipo de lenguaje más complejo y desarrollado, en un grado mayor de abstracción, aunque no podamos hablar aún de una organización de signos o símbolos plenamente conceptuales.

El doctor H. Zulliger (1981), tras las múltiples experiencias que realizó y que describe en los análisis de las técnicas de juego como auxiliares de la psicoterapia infantil, llega a reconocer la importancia y bondad de la expresión natural de ciertas conductas, consideradas atávicas en otros marcos, que evitan desarrollos patológicos, precisamente por su capacidad lúdica de oposición a los prejuicios burgueses.

> Los antiguos griegos tuvieron sus bacanales; los romanos, saturnales; y ciertos pueblos y cierta gente festejaban en nuestros países el carnaval. Nosotros juzgamos estas costumbres como una especie de válvula de seguridad, digámoslo así, mediante la cual se apaciguan los instintos reprimidos, resultando después tanto más fácil someterse a las estrechas leyes del quehacer diario. (Pág. 172)

Pero no sólo se da la necesidad de expresión en cuanto a los impulsos sexuales, sino que ésta se encuentra también en la infancia, como raíz de la creatividad en su estado más puro, y tales consideraciones sobre distintos aspectos de la mentalidad o psicología del niño, aunque tomados de forma muy puntual, nos permiten el salto hacia la mentalidad primitiva u original humana, que en este momento nos interesa considerar. H. Gardner (1987) hace referencia a la creatividad en los niños y los adultos, tomando como base experiencias realizadas en Harvard, así como en otras universidades y dentro de diversos proyectos de investigación, junto con otros colegas. Resulta de sumo interés considerar, entre otras, la siguiente cita:

> En mi opinión, existen claras diferencias entre la actividad artística de los niños y la de los adultos. Si bien el niño puede tener conciencia de que está haciendo cosas de un modo distinto de otras personas, no aprecia cabalmente las normas y las convenciones de los ámbitos simbólicos; su intrepidez encierra muy poca significación. El artista adulto, en cambio, tiene pleno conocimiento de las normas adoptadas por otros; su voluntad, su compulsión por rechazar las convenciones se concreta, cuando menos, con total conciencia de lo que está haciendo y en muchos casos a un considerable costo psíquico. Como observó una vez Picasso, «Yo antes dibujaba como Rafael, pero me llevó una vida entera aprender a dibujar como un niño». (Pág. 110)

Esta mente sin prejuicios estéticos, presumiblemente igual a la de los primitivos homínidos, se manifiesta espontáneamente en la expresión imaginativa, creativa, alcanzando cotas que, aún hoy, despiertan el interés por la fenomenología psíquica de la evolución y nos permiten extrapolar concepciones, para explicarnos aquel salto cualitativo, desarrollado a lo largo de miles de años, que posibilitó la emergencia de nuestra condición humana. En la actualidad, autores como G. A. Bonnano (2004) consideran que más allá de los modelos *patogénicos* de salud, asumidos por la mayoría de los expertos, existen otros que generan confianza en la capacidad de aprendizaje y respuesta, a la hora de afrontar las dificultades, incluidas las traumáticas. La visión *patogénica* focaliza su atención en las debilidades del ser humano y concibe al sujeto que sufre una experiencia traumática como una víctima, que potencialmente desarrollará una patología. Pero, frente a semejante visión pesimista de la naturaleza humana, existen otras formas de entender y conceptualizar el trauma que, desde modelos más *salutogénicos,* entienden al individuo como un sujeto activo y fuerte, con una capacidad natural de resistir y superarse, a pesar de vivir adversidades. De esto precisamente nos hablaban una y otra vez los antiguos mitos y leyendas, desarrollando así esta orientación pedagógica *salutogénica,* que nos proponemos recuperar como una clave importante de evolución humana y que, por lo tanto, debería estar presente metodológica y conscientemente en las aulas y en las sesiones de psicoterapia, medicina o asesoramiento profesional de cualquier tipo.

En este sentido, resulta interesante considerar la capacidad motivadora generada a partir de realidades objetivas, externas, o subjetivas, internas e imaginarias, que afectan las emociones y permiten asentar cambios, en relación con las conductas cotidianas y los valores. Veamos esta referencia de Manuel Sosa Correa (2008):

> Tal es la importancia de las creencias o pensamientos acerca de los sucesos, que los filósofos escolásticos de fines de la Edad Media señalaron un rasgo curioso de la intencionalidad, al que llamaron «inexistencia intencional». Esta terminología fue introducida de nuevo a la filosofía moderna por Franz Brentano en el siglo XIX, quien señala que no es necesario que exista el objeto de una emoción o de cualquier «acto mental», como un objeto intencional. Por ejemplo, una persona puede enamorarse de un personaje que aparece en una novela o en una película, de alguien que no existe. A menudo las personas se enojan por sucesos que luego resulta que no ocurrieron, y se condolecen por supuestas pérdidas, que posteriormente se descubre que fueron informadas falsamente. Esos ejemplos suscitan tremendos problemas ontológicos, que han sido objeto de debates filosóficos durante siglos; pues el «objeto» de esas emociones no es un objeto real, y en consecuencia, la conexión entre la emo-

ción y su objeto no puede ser la relación ordinaria entre sujeto y objeto. (Pág. 144)

Tomemos, por ejemplo, como base de referencia ambiental para acercarnos a los primeros avatares antropológicos, en un intento de aproximación hermenéutica al tiempo del que no nos quedan más que leves indicios y sospechas, un *Homo erectus* conmocionado, en un pequeño receptáculo oscuro de su caverna, con el recuerdo de la experiencia vivida durante la mañana. Supongamos que, cuando se esforzaba en rescatar y matar un ciervo que había caído en uno de los agujeros excavados en el monte por los compañeros del clan, apareció una manada de lobos hambrientos. Se miran los cazadores con los ojos muy abiertos; la duda y el terror convertidos en gestos. Dirigen también su vista al ciervo, que patea en la trampa. Llevan tres días sin comer y no pueden desaprovechar la ocasión; sus tripas gruñen. Finalmente, el más decidido, toma con fuerza su palo bien afilado y endurecido al fuego, para arremeter contra las alimañas. Nuestro protagonista asiste como observador, paralizado por el pavor. Nunca se había visto en situación semejante. El osado cazador pudo golpear con tino a tres o cuatro lobos, pero tuvo la desgracia de ser alcanzado. Sus compañeros, aterrorizados, no supieron reaccionar, y el más experto se cargó con el joven dándose a la fuga, mientras los animales tomaban las riendas de la situación y despedazaban al intrépido. Su sacrificio les permitió salvarse. Y las últimas imágenes de aquel que no pudo escapar quedan profundamente grabadas en los ojos desorbitados de nuestro joven protagonista. Llegaron a la cueva protegiéndose con el fuego y el auxilio de piedras y palos en las manos de todo el clan. Él queda recluido, encogido en su agujero, temblando y sollozando sin consuelo. Los recuerdos de la escena se le repiten una y otra vez.

La pesadilla se transforma en tétricas sombras que le persiguen cada vez que llega la noche. El muerto se le aparece en sus alucinaciones. Ve sus ojos llenos de sufrimiento, con el cuerpo empapado en sangre y desgarrado. Parece preguntarle silencioso por qué no lo ayudó para evitar la muerte. Y el joven coge entonces palos y piedras para socorrer al fantasma, pero los lobos se desvanecen al abrir los ojos. En su desesperación, dibuja las imágenes en la tierra para descargar sobre ellas sus tensiones. Aquello le produce un cierto alivio. Los demás se sienten atraídos por la curiosidad y él se esfuerza por explicar la escena. En tal ímpetu comunicativo, ante la necesidad imperiosa de desahogar su primitiva conciencia, alcanza el logro de articular los primeros signos, símbolos y sonidos.

La representación como apoyo de lo conceptual

Esta escena, reconstruida con la verosimilitud de lo probable, en forma de mito evocativo, puede ayudarnos como soporte de la reflexión abstracta. Como se dijo antes, podemos tomar la memoria y la imaginación como las características propias de la evolución humana, que suplieron otras formas de adaptación biológica al entorno. A través de ellas se pudieron fabricar las primeras armas de caza y trampas, como el agujero para atrapar al ciervo o el palo afilado. La memoria les permitiría recordar otras ocasiones en que vieron animales atrapados por haber caído en una grieta o barranco estrecho y la imaginación les ayudaría a reproducir tal situación artificialmente. Con respecto a las lanzas o cuchillos de piedra, puede establecerse una relación entre los palos y los colmillos, que la memoria les representaría con sus funciones sumamente peligrosas, en relación con los animales que los atacan e incluso el uso de sus propios dientes, a la hora de masticar los alimentos o cortar tejidos más o menos blandos. El siguiente paso sería utilizar incisivos que encontraran en esqueletos como puntas de lanza, buscando formas de sujetarlos a éstas o aprovechar las astas de toros y ciervos, para llegar después a la manufactura de la piedra. Tales hechos quedan probados por los restos encontrados en excavaciones y yacimientos arqueológicos. Veamos una referencia de uno de los investigadores de Atapuerca, el doctor en Biología de la Universidad Complutense de Madrid I. Martínez (2012):

> En comparación con los australopitecos, el cerebro del *H. habilis* había experimentado una expansión importante, mientras que el tamaño de su cuerpo era probablemente parecido. Junto con este aumento en el tamaño proporcional del cerebro, el *H. habilis* fue el autor de la industria denominada olduvayense, la primera tradición tecnológica de la historia de los homínidos. (Pág. 111)

Y el desarrollo de la memoria y la imaginación engendrarían también la potenciación de pesadillas o evocación de situaciones impactantes, como la descrita, que generan a su vez la necesidad de simbolizar y expresar las emociones suscitadas. Comenzaría así una diferenciación entre el mundo de lo tangible y lo intangible, unido a la creencia de que los muertos siguen existiendo en esa otra realidad onírica. El sentido de culpa del homínido, que no pudo acudir en auxilio de su compañero, le llevaría a la necesidad de expiación de donde, poco a poco, surgirían la magia y los mitos. Todo este proceso ha de entenderse en el transcurso de miles de años, con experiencias similares, paralelas o complementarias vividas por una gran cantidad de individuos diferentes y gestadas lentamente en la herencia genética o memoria biológica y cultural colectiva. Como dice Ignacio Martínez (2012):

> Esta capacidad de la mente humana para manejar mentalmente la realidad es la base de la que es, quizá, la más extraordinaria de nuestras facultades y la que nos convierte en una criatura realmente distinta de todas las demás que pueblan el mundo. Se trata de nuestra maravillosa capacidad para imaginar situaciones u objetos que no existen, de soñar con mundos parale-

los, en los que podemos trascender los límites impuestos por nuestra naturaleza. Y en un acto de rebeldía, que no tiene parangón en los demás seres vivos, los seres humanos intentamos hacer que nuestros sueños se hagan realidad. (Pág. 122)

En la actualidad podemos constatar estructuras parecidas que impactan las conciencias y las sensibilidades psíquicas infantiles, generando dificultades de adaptación y aprovechamiento escolar en ciertos entornos sociales desfavorecidos, donde la agresión dentro del núcleo familiar o social callejero sigue formando parte de la realidad cotidiana. El caso del *bullyng*, por ejemplo, llega a convertirse en preocupante en nuestros días. Iñaki Piñuel y Araceli Oñate (2007) lo consideran uno de los mayores problemas en el ámbito educativo. Se calcula que alrededor de un 25 por 100 de los jóvenes que oscilan entre los 6 y 17 años de edad ha sido víctima o agresor en sucesos de acoso escolar, que pueden derivar en graves consecuencias para la personalidad del alumno.

Nos acercaremos ahora a una cita de E. Cassirer (1945) que sitúa, desde otro ángulo conceptual, la misma aproximación evolutiva al símbolo:

En el mundo humano encontramos una característica nueva que parece constituir la marca distintiva de la vida del hombre. Su círculo funcional no sólo se ha ampliado cuantitativamente, sino que ha sufrido también un cambio cualitativo. El hombre, como si dijéramos, ha descubierto un nuevo método para adaptarse a su ambiente. Entre el sistema receptor y el efector, que se encuentran en todas las especies animales, hallamos en él como eslabón intermedio algo que podemos señalar como «sistema simbólico». Esta nueva adquisición transforma la totalidad de la vida humana. Comparado con los demás animales, el hombre no sólo vive en una realidad más amplia, sino, por decirlo así, en una nueva dimensión de la realidad. (Pág. 47)

Esta nueva dimensión es el resultado de la introyección simbólica de las experiencias vividas y su recreación imaginativa en el campo de la memoria. Y tal es la base de los mitos, que irán tomando «cuerpo emocional» o dinamismo interno en los individuos, hasta que consiguen expresarlos en los relatos que aparecen en todas las culturas. La realidad mítica, el mundo invisible, o más bien intangible, de los dioses o los antepasados, es el mundo del sueño, tal y como observa M. Eliade (1999):

> Los mitos totémicos australianos consisten la mayoría de las veces en la narración bastante monótona de las peregrinaciones de los antepasados míticos o de los animales totémicos. Se cuenta cómo, en el «tiempo del sueño» *(alcheringa)* –es decir, en el tiempo mítico– estos Seres Sobrenaturales hicieron su aparición sobre la Tierra y emprendieron largos viajes, parándose a veces para modificar el paisaje o producir ciertos animales y plantas, y finalmente desaparecieron bajo tierra. Pero el conocimiento de estos mitos es esencial para la vida de los australianos. Los mitos les enseñan cómo repetir los gestos creadores de los Seres Sobrenaturales y, por consiguiente, cómo asegurar la multiplicación de tal animal o de tal planta. (Pág. 8)

Y tal mundo mítico u onírico ha sido el caldo de cultivo de todo ese fenómeno complejo que denominamos con el apelativo de «cultura humana». Desde los abismos más profundos de la inconsciencia, emergiendo como si del aroma de un puchero infinito se tratara, van surgiendo los símbolos que nos proporcionan las pautas radicales de conocimiento sobre la realidad. Así lo sugiere también C. G. Jung (1982):

> Todo esto señala que el mito está emparentado con los productos de lo inconsciente. Y de ello no puede uno menos que deducir que un adulto en proceso de introversión encuentra pri-

mero reminiscencias infantiles regresivas (del pasado individual); y que si la introversión y la regresión se intensifican,
aparecen huellas primeramente vagas y aisladas, pero pronto
cada vez más nítidas y numerosas de un estado espiritual arcai-
co. (Pág. 55)

De las mismas formas difusas que M. Zambrano (1955, pág. 44)
confiere a los dioses griegos en la penumbra de la conciencia, sur-
gieron y continúan haciéndolo hoy los componentes básicos de
nuestro mundo; las redes conceptuales que nos envuelven, como
también dice E. Cassirer (1945) y que nos determinan en esa otra
dimensión de la realidad, frente a la fenomenología física, genética,
del resto de las especies biológicas:

> La realidad física parece retroceder en la misma proporción que
> avanza su actividad simbólica. En lugar de tratar con las cosas
> mismas, en cierto sentido, conversa constantemente consigo
> mismo. Se ha envuelto en formas lingüísticas, en imágenes ar-
> tísticas, en símbolos míticos o en ritos religiosos, en tal forma
> que no puede ver o conocer nada sino a través de la interposi-
> ción de este medio artificial. Su situación es la misma en la es-
> fera teórica que en la práctica. Tampoco en ésta vive en un
> mundo de crudos hechos o a tenor de sus necesidades y deseos
> inmediatos. Vive, más bien, en medio de emociones, esperan-
> zas y temores, ilusiones y desilusiones imaginarias, en medio de
> sus fantasías y de sus sueños. (Pág. 48)

También se comprueba esta misma comprensión antropológica,
desde otra perspectiva, en los mundos emergentes de K. Popper
(1982):

> ... sugiero que el universo, o su evolución, es creador y que la
> evolución de animales sentientes con experiencias conscientes

ha suministrado algo nuevo. Al principio dichas experiencias eran de tipo más rudimentario y, posteriormente, de un tipo superior. Finalmente surgió esa especie de conciencia del yo y ese tipo de creatividad que, según sugiero, encontramos en el hombre.

Con la emergencia del hombre, pienso que la creatividad del universo se ha hecho obvia. En efecto, el hombre ha creado un nuevo mundo objetivo, el mundo de los productos de la mente humana; un mundo de mitos, de cuentos de hadas y de teorías científicas, de poesía, de arte y de música. (Llamaré a esto «Mundo 3», en contradistinción con el Mundo 1 físico y el Mundo 2 subjetivo o psicológico... (Pág. 17)

Tal cita engarza nuevamente con el pensamiento de E. Cassirer (1945), cuando dice:

Hemos aprendido, precisamente en el campo de los fenómenos de la naturaleza orgánica, que la evolución no excluye cierto género de creación original; hay que admitir la mutación súbita y la evolución emergente. (Pág. 55)

Pero no es un azar misterioso el que produce todos estos efectos, en una especie de mutación espontánea. La potencia física del mundo material emergente, con todas sus posibilidades dinámicas precisa de una contrastación dialéctica, entendida en sentido amplio, metafórico. Los procesos energéticos, atómicos, moleculares, orgánicos y vitales se desarrollan en relación con el medio en el que se encuentran y las condiciones de éste, en cuanto a la presión, la temperatura y el tiempo. Igualmente, cualquier animal desarrolla sus músculos y habilidades en la medida en que se ejercita interactuando con el medio. Así también, las funciones simbólicas, lingüísticas, analíticas o la sensibilidad estética, entre otras, se desarrollan en los individuos humanos en función del esfuerzo realizado para dialogar con las circunstancias y sin éste queda atrofiada la función idealizadora, el proceso de abstracción, aunque se mantenga y transmita como un logro, como un potencial fijado en la herencia genética. En tal dirección apunta la siguiente cita de Platón (1988), quien ya veía con claridad tal necesidad dialéctica, aprendida al parecer de Sócrates y su mayéutica, para la formación del filósofo, de la persona en general, para alcanzar el logro del conocimiento o el ascesis que permitiera recuperar la contemplación de las ideas puras. Y para ello hace uso continuamente del mito, de la alegoría, de la metáfora, que permite desarrollar un diálogo más amplio, con mejores alas para el gran vuelo de las alturas ideales. Al fin y al cabo, entiende que todo avance o investigación hacia el conocimiento es un proceso de aproximaciones progresivas, dada la gran dificultad de aprehender las esencias en sí mismas, aunque el desligamiento de lo tangible hacia lo ideal capacita para la deducción pura, cuya última fase debería ser el silencio, cuando ya es posible prescindir de los símbolos mediadores. Todo concepto, por tanto, no sería sino metáfora, más o menos certera, por más que nos esforcemos en precisar y definir con referencias lingüísticas estrictas, con proposiciones asépticas sobre lo real.

De las cosas mismas que configuran y dibujan hay sombras e imágenes en el agua, y de estas cosas que dibujan se sirven como imágenes, buscando divisar aquellas cosas en sí que no podrían divisar de otro modo que con el pensamiento.
—Dices verdad.
—A esto me refería como la especie inteligible. Pero en ésta su primera sección, el alma se ve forzada a servirse de supuestos en su búsqueda, sin avanzar hacia un principio, por no poder remontarse más allá de los supuestos. Y para eso usa como imágenes a los objetos que abajo eran imitados, y que habían sido conjeturados y estimados como claros respecto de los que eran sus imitaciones.

—Comprendo que te refieres a la geometría y a las artes afines.

—Comprende entonces la otra sección de lo inteligible, cuando afirmo que en ella la razón misma aprehende, por medio de la facultad dialéctica, y hace de los supuestos no principios sino realmente supuestos, que son como peldaños y trampolines hasta el principio del todo, que es no supuesto, y, tras aferrarse a él, ateniéndose a las cosas que de él dependen, desciende hasta una conclusión, sin servirse para nada de lo sensible, sino de Ideas, a través de Ideas y en dirección a Ideas, hasta concluir en Ideas. (Platón 1988, págs. 336, 337)

Los antiguos tenían la convicción de que la educación y la cultura no constituyen un arte formal o una teoría abstracta, extrapolable de la estructura histórica objetiva de la vida espiritual de una nación. Esos valores tomaban cuerpo, a su modo de ver, en la literatura, transmitida a través de los cantos de los aedos o poetas errantes, y en ella adquirían una condición de modelo conductual e imitativo, con ayuda de las imágenes, metáforas y fantasías, que suscitaban fuertes nexos con la subjetividad de cada cual a través del recuerdo de sus propias experiencias, sueños o deseos insatisfechos, despertando así sus emociones, motivándolos con energía hacia las metas o ideales allí plasmados.

Pero una vez llegados a este punto, será preciso adentrarnos más aún, bucear, en ese océano de misterios que se oculta detrás de la claridad de la razón, para acercarnos todo lo posible a la realidad de ese código emocional, al ámbito simbólico y su impacto sobre la conciencia, las emociones, la naturalidad y la artificialidad de la vida humana.

2

Sobre la inteligencia emocional

La inteligencia emocional es uno de los aspectos más interesantes, complejos y necesarios, implicados en la gestión del desarrollo humano. Se fue avanzando en su estudio a través de las inteligencias múltiples, contando con las conductas, emociones, sensaciones y sentimientos. Pero también con el análisis de pruebas y experimentos llevados a cabo sobre células nerviosas, circuitos neuronales y áreas cerebrales, que están conduciendo a los neurocientíficos hacia insospechadas relaciones entre hallazgos y fenómenos que aparentemente no tenían conexión alguna. Por ejemplo, ya es posible saber con anticipación qué zonas corporales accionará una persona para realizar movimientos frente a un estímulo emocional subjetivo, sin que se haya iniciado ninguna reacción física. Más aún, se puede saber sin que la persona en cuestión haya decidido conscientemente qué hacer. Ante tal hallazgo, los investigadores se plantean indagar sobre qué es y cómo se produce una decisión, cómo se genera previamente el pensamiento cuando no existente aún evidencia física en ese aspecto, qué roles desempeña la parte inconsciente, la imaginación, la premeditación, la intuición y otras funciones asociadas o derivadas del proceso.

Las facultades inherentes a las inteligencias múltiples (lingüístico-verbal, lógico-matemática, espacial-visual, musical, cinestésica-corporal, intrapersonal, interpersonal y naturalista) han evolucionado gradual y permanentemente desde los mismos orígenes de la humanidad. Han estado presentes desde siempre, aunque sea ahora cuando las podamos apreciar, contrastar y diferenciar, con un sentido también evolutivo. Incluso puede darse un paso más sobre las ocho inteligencias. En algunos sectores de la neurociencia, ya se habla de la inteligencia existencial (iniciática y trascendente). En la actualidad, existen medios para evidenciarlo, a través del abordaje integral que se está dando entre las neurociencias y la genética. Dentro de las inteligencias múltiples, la inteligencia emocional se encuentra ligada a la intrapersonal y la interpersonal. Estas dos, a su vez, contienen otras habilidades o competencias que nos servirán de hilo conductor. Sintetizaremos lo anterior por medio de un cuadro esquemático:

Agrupaciones	Inteligencias múltiples	Habilidades o competencias	Subcompetencias
Objetiva	Naturalista		
Objetiva	Lógico-matemática		
Objetiva	Visual-espacial		
Objetiva	Corporal-cinestésica		
Abstracta	Musical		
Abstracta	Lingüística-verbal		
Personal **emocional**	Intrapersonal	Autoconocimiento Automotivación Autocontrol emocional	Autoconciencia Autovaloración Autoconfianza Sentido existencial Iniciático Trascendente
Personal **emocional**	Interpersonal	Empatía Habilidades sociales	
	Existencial		

Según acabamos de ver, el autoconocimiento es una habilidad o competencia de la inteligencia emocional intrapersonal, que a su vez engloba:

- AUTOCONCIENCIA: Identificar las propias emociones y los efectos que pueden tener.
- AUTOVALORACIÓN: Conocer las propias fortalezas y sus limitaciones.
- AUTOCONFIANZA: Un fuerte sentido del propio valor y capacidad.
- SENTIDO EXISTENCIAL
  – Iniciático
  – Trascendente

A continuación iremos abordando cada uno de estos puntos o subcompetencias.

La autoconciencia

Esta subcompetencia del autoconocimiento consiste, en primer lugar, en la capacidad de saber lo que sentimos en cada momento. Al hacerlo, podemos reconocer nuestras preferencias y dejarnos guiar por éstas. A la hora de tomar decisiones, se convierte en una cuestión fundamental. Cuanto más desarrollada se encuentra, más fácil y rápido nos resulta decidir. Pensemos, por ejemplo, en la sensación de hambre. Si somos conscientes de ella nos resulta fácil tomar la decisión de comer. Por el contrario, cuando se encuentra poco desarrollada la autoconciencia, nuestra capacidad de tomar decisiones se reduce, se potencian las dudas y nos bloqueamos. En ciertas ocasiones, la incertidumbre o bloqueo a la hora de decidir se genera porque nos quedamos exclusivamente en el ámbito de las ideas, los pensamientos o las razones, sin prestar atención a nuestros sentimientos. A veces, por ejemplo, tenemos muchas razones para hacer algo, elegir un objeto, ejecutar un plan o decidirnos por una persona en una entrevista, pero algo nos impide tomar la decisión. Esto pone de manifiesto una contradicción entre nuestro pensamiento y nuestras emociones, porque no hemos implicado éstas con el grado suficiente de autoconciencia.

No debe confundirse la autoconciencia con los prejuicios o condicionamientos que nos pueden llevar a tomar decisiones precipitadas o erróneas. Estos prejuicios suelen relacionarse con costumbres o usos adquiridos a través del aprendizaje de pautas de conducta o normas que, por alguna razón, condenaron o reprimieron nuestras emociones en algún momento del pasado y generaron anclajes o condicionamientos traumáticos de algún tipo, que nos siguen afectando en la actualidad. Como caso extremo, podemos considerar el racismo, la intolerancia religiosa o política, basada en un aprendizaje fanático. Esto puede hacer que una persona mate a otra, por ejemplo, por el hecho de tener un color de piel distinto, una ideología política o creencias religiosas diferentes.

La autoconciencia nos permite tomar decisiones correctas, teniendo en cuenta nuestras capacidades y confiando en nosotros mismos. A continuación mostraré una serie de pautas que nos pueden ayudar a desarrollarla. Éstas consisten en un acercamiento a elementos, rasgos, referencias o fórmulas que nos puedan servir de base para concretar ese autoconocimiento, con la mayor precisión y certeza posible. Con ello no pretendo acotar todas sus posibilidades ni mostrar «la verdad». La propuesta es mucho más humilde. Se trata tan sólo de tener referencias útiles y que pueden matizarse, desarrollarse y mejorarse con la práctica que cada uno de nosotros desarrollemos.

Rasgos arquetípicos

Las investigaciones que llevó a cabo Paul Ekman,[3] pese a partir de la hipótesis contraria, la de los rasgos y gestos emocionales aprendidos, le llevaron a la evidencia de que existen estructuras emocionales arquetípicas. Él no utiliza esta denominación, pero nosotros la retomamos para acentuar el sentido de que su significado es equivalente a lo que planteaba Carl Jung, desde campos de investigación y modelos diferentes. Sobre este último hablaremos más adelante, en una forma sencilla, al considerar los símbolos oníricos como medios para el autoconocimiento.

Ekman y muchos otros psicólogos,[4] cuyos trabajos le sirven a él como verificación y contraste de resultados, unidos a sus propios trabajos de campo con diferentes culturas y asentamientos geográficos de todo el mundo, concluyen que hay respuestas fisiológicas universales con respecto a las emociones. Esto quiere decir que son congénitas en todos los seres humanos; que no se aprenden. Lo único que se adquiere, en los diferentes procesos de aprendizaje y socialización característicos de cada cultura, son sus variaciones y elaboraciones.

El fruto de tales investigaciones se convierte en una guía muy útil como apoyo. Pero su mera existencia y posibilidad no implica que su dominio consciente sea sencillo. Si así fuera, podríamos pensar en que se llegarían a superar o eliminar todos los malentendidos que surgen en nuestra comunicación cotidiana, lo cual sería deseable, aunque debemos tener paciencia; aún nos encontramos lejos de ese hecho. En lo personal, es decir, en el ámbito de la autoconciencia, también se dan esos malentendidos y es importante hacerse consciente de ellos, «calcular» en cierta forma nuestro margen de error, para conseguir un autoconocimiento «fiable». Este mar-

---

3. Ekman, P.: *¿Qué dice ese gesto?* Ed. Integral, Barcelona, 2004.
4. Scherer, K. R., Schoor, A. y Johnstone: *Appraisal Processes in Emotion*. Ed. Oxford University Press, Nueva York, 2001.

gen de error se encuentra relacionado con el peso que tienen en nuestra vida los prejuicios y condicionamientos, a los que antes me refería. Por eso es tan importante comprender bien estas peculiaridades del conocimiento y autoconocimiento humanos, a la vez que nos ejercitamos con paciencia, constancia y honestidad.

Reconocimiento de las emociones

Es difícil no comportarse emocionalmente cuando es mucho lo que está en juego, en un momento determinado de nuestra vida. En tales circunstancias nos inundan emociones intensas. Pueden ser positivas, como el entusiasmo o la alegría, o negativas como el miedo y la inseguridad. Pero es entonces, en muchos de esos casos, cuando las emociones pueden ser también nuestras mejores guías. Deberíamos entender que su propósito es dirigirnos para que hagamos y digamos lo mejor para nuestra vida, lo correcto, en una situación determinada. Aunque el resultado no siempre sea así. El camino hacia la inteligencia emocional tiende a verse obstaculizado por los condicionamientos y los prejuicios; por ciertos errores o desviaciones de los impulsos naturales, en nuestro camino de aprendizaje. Por ello es muy importante aprender a reconocer las diferentes emociones. Éste es el primer paso para lograr el ajuste o corrección, optimizando nuestros recursos.

En ocasiones desearíamos no haber hecho o dicho lo que una determinada emoción nos obligó a hacer o decir. Por otra parte, si fuésemos capaces de apagar o eliminar las emociones, aunque sólo fuera temporalmente, las cosas podrían empeorar; las personas que nos rodean pensarían que somos indiferentes con ellos, que no nos importan. Podrían llegar a etiquetarnos como «inhumanos». Experimentar conscientemente nuestras emociones, ocuparnos de lo que sucede mientras nos comportamos de una forma determinada, es decir, ser plenamente autoconscientes y dirigir nuestros procesos emocionales de tal forma que ni nosotros ni los demás noten, notemos, nuestra emotividad en la expresión es muy difícil. Como contraste, hay personas que padecen exactamente el problema inverso; que en realidad no se alteran emocionalmente, no se preocupan demasiado o nada por lo que ocurre, pero expresan lo que sienten en la forma exacta que los demás esperan. Ejercen un *savoir faire*, es decir, saben lo que es adecuado en cada momento y dominan el arte del «encanto», la diplomacia o la «elegancia». Pero podría tratarse de un *hipercontrol*, aprendido y engañoso, como una representación teatral de calidad, en protocolos sociales preestablecidos, que ocultan algo. Podríamos considerarlo también como una forma de prejuicio y condicionamiento adquirido en un proceso de aprendizaje o «educación».

Cuando respondemos emocionalmente, sin inteligencia emocional, perdemos la capacidad de elegir nuestro aspecto, el tono de nuestra voz o lo que nos vemos impulsados a hacer o decir, en contraste con otras circunstancias en las que sí «tenemos las riendas». No obstante, aunque las emociones siempre se manifestarán de forma espontánea, podemos aprender a moderar nuestro comportamiento emocional. Especialmente aquél del que luego podemos arrepentirnos. También podemos aprender a no quedar sometidos a la esclavitud del hipercontrol. Lo adecuado sería que pudiésemos aprender a escoger lo que sentimos y la forma de expresar nuestras emociones para poder manifestarlas constructivamente. En ese momento es cuando conseguimos ajustar nuestra inteligencia emocional.

Prestar atención a las sensaciones físicas que provocan las emociones

Cada una de las siete emociones fundamentales posee una expresión facial diferente y universal.[5] Estas emociones son: la tristeza, la

---

5. Tal hecho quedó probado en las investigaciones llevadas a cabo por Paul Ekman, al que anteriormente cité, en lugares tan diversos como Papúa Nueva Guinea, Estados Unidos de Norteamérica, Japón, Brasil, Argentina, Indonesia y la antigua Unión Soviética. Y fueron contrastadas posteriormente por otros investigadores, en lugares diferentes y con una amplia gama de orientaciones culturales y vitales, llegando siempre a los mismos resultados de identificación de emociones y gestos.

ira, la sorpresa, el miedo, la repugnancia, el desprecio y la felicidad. A su vez, estas últimas pueden matizarse con expresiones que representan toda una familia gestual e intencional, teniendo en cuenta su intensidad y el modo, por ejemplo, aunque no ha quedado probado aún el sentido universal de los gestos, en estos matices. En ellos tiende a influir el aprendizaje cultural y social.

Además de las expresiones en el rostro, también se dan una serie de condiciones y procesos corporales asociados a cada una de tales emociones. Respecto de la tristeza, pero no en la angustia, se da una pérdida general de tono muscular; la postura se hunde, retrayéndose, perdiendo interés por la actuación. En el menosprecio aparece el impulso de mirar desde arriba hacia abajo; «por encima del hombro», como se suele decir. En la sorpresa y el asombro se produce una atención fija sobre aquello que nos llama la atención. En el alivio hay una relajación de la postura corporal. En el placer sensorial táctil se da un movimiento de acercamiento a la fuente de estimulación. En el resto de las sensaciones placenteras se produce también ese impulso de acercamiento, aunque puede quedarse en una simple mirada. Cuando se logra un objetivo difícil tiende a producirse un movimiento hacia la acción, generalmente en las manos. La risa que surge como consecuencia de una gran alegría produce movimientos corporales repetitivos, acompañando a los espasmos o carcajadas. Todos estos procesos nos ayudan a reconocer emociones. Son involuntarios y universales, al igual que las señales faciales y las tonalidades de la voz.

Sería bueno que prestáramos una mayor atención a la observación de tales procesos, en nosotros mismos y en los demás. Aprenderemos, de esta forma, a mejorar nuestra capacidad para identificar y distinguir unas emociones de otras, así como los matices y diferencias de modo e intensidad. En este sentido, puede sernos de mucha utilidad llevar una especie de diario en el que, al final del día, escribamos nuestras impresiones, observaciones y vivencias más destacadas de la jornada. Después, por la mañana, sería un buen complemento anotar los sueños que hayamos tenido durante la noche.

Conociendo nuestras emociones

Como veíamos, resulta imprescindible conocer y controlar nuestras emociones para tener una vida satisfactoria. Sin emociones, no somos capaces de tomar decisiones. La cuestión es no sólo decidir, sino hacerlo de forma acertada, es decir, con inteligencia emocional.

Para ser conscientes de nuestras emociones se hace necesario:

- Prestar atención a las sensaciones físicas que provocan.
- Aprender a identificar y distinguir unas emociones de otras.
- Expresar voluntariamente nuestras emociones, de forma directa o simbolizada.
- Aprender a evaluar su intensidad. Si sólo notamos las emociones cuando son muy intensas, resulta difícil cambiarlas. Necesitamos prestar atención a los primeros indicios de una emoción, sin esperar a que nos desborde.

El autoconocimiento y los sueños

Para facilitarnos esta sensibilidad y atención, contamos con un elemento natural y propio, que se ha ido desplazando en los últimos tiempos, como consecuencia de la sobrevaloración que se ha hecho de la inteligencia racional frente a los demás factores o inteligencias múltiples que, como vimos, nos constituyen desde nuestra plena y completa realidad humana. Ese factor natural, ese lenguaje íntimo y relegado, es el de nuestros sueños. Un lenguaje que resulta imprescindible recuperar para entender también nuestra inteligencia emocional; para conocernos mejor.

Casi todas las culturas parten de una cosmología, de unos mitos, a la hora de transmitir un conocimiento que dé sentido a su existencia. Nosotros también. Siguen existiendo mitos y creencias en nuestro mundo tecnificado; en nuestro mundo personal. Sin embargo, somos pocos los que nos damos cuenta. La mayor parte de las personas serias, científicas y pragmáticas, se consideran muy alejadas de aquello que consideran estratos primitivos de la conciencia. Pero se equivocan. La procesión va por dentro, como se dice aplicado a otras cuestiones emocionales. Hay muchas procesiones de silencio, muchas emociones, de tambor y trompetería, que siguen saliendo cada noche, nos guste o no; lo recordemos o no. Y esas procesiones tienen mucho que ver con nosotros; con todos y cada uno de nosotros. De ellas depende, por ejemplo, que descansemos bien; que sintamos alegría o tristeza; que seamos brillantes, creativos, simpáticos o amargados, depresivos, irritables y temerosos.

Existen fórmulas para acercarnos a ese mundo escurridizo y ponerlo a favor de nuestros intereses, sean éstos los que sean. Hay posibilidades de tomar las riendas de nuestra vida, desde lo que suele quedar más allá de nuestra conciencia y voluntad. Y además se puede hacer sin depender de ritos y creencias esotéricos. Tan sólo necesitamos aceptarnos un poco más y recuperarnos en nuestro mundo emocional desde la fantasía, los símbolos y nuestra capacidad de juego natural. Porque, de la misma manera que los gestos muestran nuestras emociones, nuestras representaciones internas, nuestra imaginación y nuestros sueños, también lo hacen. Para avanzar por esta senda, tan sólo hace falta voluntad, valentía y un buen saco de sonrisas.

Se mire por donde se mire, aun cuando no se tenga conciencia del mundo onírico, éste se encuentra presente en nuestro día a día. Es absolutamente imprescindible para la vida, para la salud de todo ser humano, aunque jamás se piense en él. No precisa ser pensado. No precisa de nuestro conocimiento o voluntad para existir. Desarrolla su propia forma de inteligencia para organizar y mantener la vida en nuestro organismo, desde el mismo impulso vital que nos inventó, independientemente de cualquier ideología espiritualista, religiosa, materialista o atea. Si prescindiéramos de soñar, aunque durmiéramos, moriríamos. Experimentos realizados por los nazis, en la Segunda Guerra Mundial, lo comprobaron. Con respecto al mundo onírico nocturno, es bien sabido. Pero hay más. Los sueños diurnos, los sueños de nuestras ilusiones y esperanzas, los sueños que nos animan, alegran y motivan, son también motor imprescindible de la existencia. Sin ellos, nuestro corazón se detiene en la tristeza y la depresión. Todos lo hemos experimentado, con mayor o menor intensidad, en nosotros mismos y en las personas que nos rodean. Si no tenemos sueños, tampoco somos capaces de fructificar en la prosperidad, la abundancia y la riqueza. Y con ello no quiero decir que por el mero hecho de soñar, de tener ilusiones, sea suficiente. Si, tras la imaginación, la fantasía y el entusiasmo, no trazamos la estructura y construimos piedra a piedra, será imposible habitar nuestro palacio. Soñar tan sólo pasivamente, alucinar, nos puede atrapar en el laberinto de una enfermedad mental. Pero darnos cuenta de la forma en que construimos nuestro palacio, piedra a piedra, a través de la ilusión, la motivación, los sueños y las metas, es una clave fundamental del autoconocimiento, de la inteligencia emocional y de la automotivación, como parte de ésta.

Sueños y arquetipos emocionales

Los arquetipos son estructuras susceptibles de adquirir forma, al igual que aquello a lo que Aristóteles denominó la «materia prima». Pero sus potencias o impulsos, la materia que los constituye, no viene sólo de fuera, aunque tal influencia queda indudablemente aceptada, sino que también viene de dentro. Estos impulsos internos tienen que ver con lo que Freud denominaba «pulsiones» y guardan relación con nuestros deseos y necesidades, en consonancia directa con nuestro cuerpo o estructura somática. El proceso básico lo encontramos reflejado en muchos ámbitos simbólicos de diferentes culturas y épocas, como puede ser la del mundo cabalístico, por ejemplo, con las tres letras madre del alfabeto hebreo. Éstas se consideran raíces fundamentales, que también Carl Jung asocia directamente con los arquetipos. Esto, al parecer, se refleja también en los tres primeros años de nuestra existencia como seres humanos. Pasado este ciclo de tres, postulado como evidencia observada por eminentes psicólogos, como Jean Piaget y la psicología evolutiva actual, nos encontraríamos con otro de siete años que marcaría ya una constante cíclica humana. En el cabalístico árbol de la vida, tras los tres primeros *sephirots* o impulsos emanantes de lo uno, el punto, el «Big bang» o la unidad de creación, aparecerían los siete siguientes, como los simbólicos siete días del génesis, a través de los cuales la creación se manifiesta. Existen muchísimas referencias de este tipo y sería demasiado largo analizarlas. Remito a quienes deseen ampliar la información a la extensa obra de Carl Jung, algunos de cuyos libros cito en la bibliografía.

Para cerrar esta cuestión, de forma sintética, dejo una cita de mi libro *Cómo interpretar los sueños:*

> Cuando Jung habla de los arquetipos menciona expresamente la teoría de las ideas de Platón. Aquellos son, según su propio testimonio, la versión moderna de éstas, pero presentados no como realidad metafísica y subsistente en sí en cuanto al ser, según lo afirma por primera vez en la historia nuestro citado filósofo en su diálogo Fedón, sino como realidad experimental y contrastada psicoanalíticamente. (Pág. 27)

Podemos entender que las emociones que se configuran a través de los símbolos oníricos son una forma de exteriorizar todo aquello que normalmente no expresamos cuando estamos despiertos, pero que forma parte de nuestra íntima realidad. Nuestras representaciones imaginativas, nuestra fantasía, nos proporcionan un entorno seguro para dejar fluir lo que de otra forma tiende a quedar enquistado en nuestro interior. Por ello mismo, resulta de vital importancia familiarizarnos con nuestro mundo onírico, con nuestros sueños nocturnos y diurnos, para lograr la meta del autoconocimiento eficaz.

Autoexploración a través de los símbolos

Explorarnos concediendo valor a nuestra fantasía, a nuestros sueños, se puede convertir en una guía muy útil para el autoconocimiento, si seguimos el procedimiento adecuado. Ya habíamos comenzado por identificar nuestras fortalezas y debilidades, en cuanto a las inteligencias múltiples, anteriormente. También hicimos, en el capítulo anterior, un ejercicio para escribir sin control racional de lo que expresamos. Demos un paso más.

Volvamos a la mesa y la silla de tus experimentos con las palabras tejidas más allá del pensar. Se supone que ya tienes soltura para conseguir relatos rápidos, un tanto surrealistas lo más seguro. En el mejor de los casos, puede ser que lleguen a describir escenas, sin pretender ningún valor literario. Veamos ahora si has logrado coherencia sensorial en torno a situaciones relacionadas con el agua, la tierra, el aire y el fuego. Escribe otro relato rápido, centrado en estos temas, y cuenta después cuántas veces has mencionado cada uno de ellos. Es decir, cuántas veces aparece mencionada el agua, en una forma directa o indirecta, como lluvia por ejemplo, y así también con la tierra, el aire y el fuego.

El aire, el agua, el fuego y la tierra fueron considerados en la antigüedad como los cuatro elementos de los que estaban compuestas todas las cosas. Evidentemente, nosotros ya no lo consideramos así en un sentido físico, pero sí podemos hacer uso de esta tradición en sentido simbólico. Porque cada uno de estos elementos nos aporta significados sensoriales, metáforas, que representan otras funciones abstractas, como son el pensamiento, las emociones, la actividad transformadora y el sentido práctico o financiero. Probemos. Por alguna peculiar razón, este método proyectivo tiende a reflejar con mucha fidelidad nuestras tendencias actuales conscientes, preconscientes e inconscientes. Propongo seguir jugando unas cuantas veces más.

Símbolos

La forma en que interiorizamos las relaciones o interacciones con el mundo, hasta que se convierten en símbolos oníricos, es decir, en el lenguaje de representación interna de las pulsiones o los impulsos arquetípicos, tiene que ver con los sentidos; con la percepción primaria sensorial, común a todos los seres humanos. Curiosamente, en el cabalístico alfabeto hebreo, a cuya tradición me referí antes, se consideran tres letras «madre», que tienen valor triple, a la vez que actúan como raíces arquetípicas. Se asocian con los colores rojo, azul y amarillo, que son los colores primarios, desde cuyas combinaciones pueden obtenerse todos los demás. De hecho, ésta es la base para la composición de los tonos en las imágenes de la televisión. A su vez, estas letras y colores se relacionan con tres de los elementos mencionados antes: el fuego, las emociones y el pensamiento. El cuarto elemento, la tierra, proporcionaría estabilidad a esta terna dinámica, que podemos apreciar también en el ciclo climático natural: el fuego del sol calienta el agua de ríos, lagos y mares, produciendo así las nubes que se acumulan como vapor en el aire, para caer después en forma de lluvia. Estas experiencias sensoriales simbolizadas, que se repiten constantemente para los circuitos neuronales del cerebro de todos los seres humanos, se van constituyendo en la base de nuestro lenguaje onírico. Después, según las diferentes culturas, épocas y experiencias personales, van matizando sus significados de manera preconsciente. Los símbolos van desarrollando, desde las combinaciones básicas, arquetípicas, estructuras más y más complejas, como ocurre con los colores. Pero también aquí, como hacen los pintores, podemos entrenarnos para descubrir las estructuras básicas y alcanzar de esta forma un significado universal. Estos significados universales son la base para profundizar en nuestro autoconocimiento. Por medio de este lenguaje se puede interactuar con él, es decir, se puede llegar a reconocer y comprender; se pueden formular preguntas y lograr respuestas sabias como la vida. Seguiremos progresando en esta línea con futuros ejercicios.

La autovaloración

Para seguir en nuestro proceso de autoconocimiento, necesitamos tener claros, conocer y apreciar también nuestros propios valores, así como entender y aceptar los de los demás. Una cosa es estar vivos, sobrevivir, y otra muy distinta es vivir y trabajar de forma coherente con lo que realmente somos, en lo más profundo de nuestra intimidad. Tener una referencia más clara de lo que somos, de quiénes somos, nos permite generar integridad, poner la mente, el corazón y actuar con precisión en lo que hacemos. Nadie puede hacerlo si no cree en sí mismo, si no se valora. Se puede actuar desde la mente, desde los recursos técnicos aprendidos, e incluso hacerlo bien. Pero esto no supone que seamos personas íntegras, que seamos fieles a nosotros mismos. Y cuando tal es el caso, terminamos pagando un alto precio. Cuando nuestros valores personales no encajan con la vida que llevamos o con la dirección que seguimos, frenamos lo mejor que hay en nosotros mismos y terminamos sintiéndonos vacíos o estresados. Es muy importante parar, de vez en cuando, para darnos cuenta de cuáles son nuestros valores y la forma en que nos valoramos. Por ello, propongo realizar un pequeño test, como punto de partida.

Test de autovaloración
Diseñado por el doctor Robert Spitzer, jefe de investigación biométrica del Instituto Psiquiátrico del Estado de Nueva York, la prueba PRIME-MD puede realizarse sin ayuda de un médico.

Contestar:
a. casi nunca
b. varios días
c. más de la mitad de los días
d. casi cada día

Durante las dos últimas semanas, ¿con qué frecuencia has sentido incomodidad por lo siguiente? (Si no sientes seguridad en tus respuestas, sería bueno que llevaras un diario durante las próximas semanas y marcaras cuántos días sufres los siguientes síntomas):

1. ¿Te faltó interés o disfrutaste escasamente con pequeñas cosas?
2. ¿Sentiste abatimiento, depresión o desesperanza?
3. ¿Has tenido problemas para conciliar el sueño, para dormir o has dormido demasiado?
4. ¿Has tenido sensación de agotamiento o te sentiste con poca energía?
5. ¿Tienes poco apetito o has comido en exceso?
6. ¿Te sientes mal contigo, piensas que has fracasado o te has dejado abatir por tu familia?
7. ¿Tienes problemas para concentrarte, a la hora de leer el periódico o de ver la televisión?
8. ¿Te mueves o hablas tan lentamente que otras personas se han dado cuenta? O bien lo contrario: ¿sientes tanto nerviosismo o inquietud que tiendes a moverte más de lo habitual?
9. ¿Alguna vez has pensado, en las dos últimas semanas, que sería mejor haber muerto, o en hacerte daño de alguna forma?

Diagnóstico
- Si has contestado afirmativamente a la pregunta 9, debes consultar de inmediato a un buen especialista, para que te examine con más precisión, para determinar si tu actitud es realmente suicida u homicida.
- Si has contestado a la pregunta 1 o 2 con CASI CADA DÍA y a cinco o más preguntas desde la 2 hasta la 8 con CASI CADA DÍA, es probable que sufras una depresión. Si eso te sorprende, recuerda que la mayor parte de la gente con depresión clínica permanece sin diagnosticar o recibe un diagnóstico incorrecto. De hecho, el 20 por 100 de la población sufre actualmente de-

presión y esa cifra es muy probable que aumente. Es una triste realidad que la mitad de quienes se han sentido deprimidos durante veinte o más años no han tomado nunca un antidepresivo. Lo mejor es que consultes con un buen profesional y analices con tu médico los beneficios que te pueden aportar la psicoterapia y la terapia farmacológica.

- Si has contestado VARIOS DÍAS a dos o más de las preguntas anteriores, sufres de un estado de ánimo bajo. Así pues, te resultará difícil pensar positivamente, generar emociones positivas, sin variar antes ese estado de ánimo.

John Ratey, de la Universidad de Harvard, acuñó la expresión «depresión en la sombra» para referirse a quien cuenta con menos criterios de los necesarios para que se le diagnostique una depresión clínica, a pesar de lo cual sufre verdaderas dificultades para afrontar los desafíos de la vida y se acusa a sí mismo de sus fracasos sociales, académicos y profesionales. El doctor Spitzer va incluso más lejos al decir que la depresión se produce a lo largo de un espectro, de un modo muy similar a lo que sucede con el colesterol elevado o la presión arterial alta. El hecho de que la elevación sea suave no significa que no se pueda tratar. Si no tienes depresión, pero tu estado de ánimo es bajo, podría serte útil considerar llevar a cabo una psicoterapia de apoyo.

Independientemente de los resultados del test anterior, sería conveniente hacerse las siguientes preguntas y tomarse tiempo a la hora de responder, tratando de escuchar el impulso del corazón: ¿Quién soy? ¿Qué hago aquí? ¿Adónde voy? ¿Qué deseo?

Y aunque las respuestas no sean muy precisas o la incertidumbre ante ellas sea demasiado grande, convendría hacer un listado preciso de puntos fuertes y debilidades. Para llevarlo a cabo, se debe dividir una hoja de papel en dos partes, con una línea central, e ir apuntando en ella, a medida que vayan llegando a la mente, lo que se consideren puntos fuertes, valores o cualidades, así como las limitaciones o debilidades. Pudiera darse el caso de que algunas cosas aparecieran en ambas columnas. Entonces habrá que matizar su sentido o el momento en que se aplica. Este listado debe hacerse sin mirar los resultados de los ejercicios hechos en relación con las inteligencias múltiples. Una vez realizado, sí sería bueno cruzar los datos obtenidos con estos otros. De esa forma se irá configurando una determinación cada vez más precisa en relación con el autoconocimiento y la autovaloración.

Contraste de apreciaciones

Como dice el refrán, «la experiencia es la madre de la ciencia». En consecuencia, nos conviene entregarnos a experimentar nuestra propia vida, nuestras tendencias y deseos, analizar las consecuencias de nuestros actos o propósitos y reflexionar para aprender a conseguir la integridad y la coherencia, sin necesidad de condenarnos moralmente. Todos tenemos demasiadas contradicciones internas, debido a la diversidad de influencias que nos han marcado en nuestra vida. No es necesario que nos juzguemos por ello como buenos o malos. Lo que sí resulta imprescindible es encontrar cuanto antes nuestra propia coherencia; que no nos traicionemos a nosotros mismos y que vivamos de forma consecuente con nuestros valores. Si descubrimos que aún nos encontramos lejos de tal propósito, sencillamente tracemos un plan, un camino, para alcanzar nuestras metas y démonos tiempo, desde la constancia y el esfuerzo gozoso de cada día. Porque el esfuerzo se convierte en gozo cuando sentimos la satisfacción de ir avanzando hacia lo que realmente nos importa en la vida. En este sentido, nos será de mucha utilidad abrirnos a:

Críticas constructivas
Nuevas perspectivas
Aprendizaje constante
Crecimiento personal
Sentido del humor y
Una distancia sana sobre nuestra vida

Consideremos cuáles son los cinco valores que mejor nos describen o definen, lo que defendemos como calidad o sentido de la vida. Para ello, escojamos cualquier palabra o expresión para describir estos valores. Escribámoslo en nuestro cuaderno de trabajo. Pensemos en lo que somos y la forma en que actuamos cuando nadie nos mira. ¿Hasta dónde llegan nuestras raíces y se extienden nuestras aspiraciones? ¿Qué palabras nos llegan primero a la mente y al corazón? ¿Qué nos gustaría que dijesen los demás de nosotros?

Confiar en nosotros mismos

La autoconfianza es fundamental para el desarrollo de la persona. Supongamos que dos compañeros que trabajan juntos se disponen a realizar una misma tarea, partiendo de factores de competencia similares. ¿No crees que lo hará mejor y más rápido quien tenga más confianza en sí mismo? Haz la prueba. Se puede comprobar en todo tipo de tareas; desde la más simple a la más compleja. En este sentido, tal vez tengas ya claro que nuestra tarea más compleja consiste en vivir, afrontando plenamente, con equilibrio y bienestar, todos los ámbitos de la vida.

Hay muchos factores que influyen a la hora de tener confianza en nosotros mismos, pero la forma en que hemos sido educados, en que nos hemos desarrollado en nuestro entorno y lo que hemos observado en los comportamientos de quienes nos rodearon en nuestra infancia genera una serie de rutinas y bases de comportamiento determinantes, en este sentido. Durante la infancia se establecen las bases de nuestra vida adulta. Puede resultar difícil cambiar ciertos rumbos marcados entonces, aunque no es imposible. La autoconciencia juega un papel fundamental en este sentido. Sólo en la medida en que conocemos algo, directa o indirectamente, podemos cambiarlo. También las experiencias de la vida, considerando lo que en las filosofías orientales se conoce como el karma, pueden ayudarnos. En cualquier caso, el grado de conciencia que tengamos del proceso y de nuestras carencias, nos permitirá evitar el sufrimiento, emocional o físico.

Existen formas de educar que estimulan la confianza en nosotros mismos y otras que tienden a destruirla. Tal vez hayamos detectado ya algunos de estos elementos al hacer los ejercicios sobre las inteligencias múltiples, en el nivel anterior del curso. Si no fuera así, te pido que lo hagas ahora. Revisa tus notas, los resultados de aquellos ejercicios y observa qué carencias o faltas de confianza, en las diferentes inteligencias, vinculas con tu infancia. Incluso procura imaginarte a ciertas personas de tu infancia que se relacionen con ello; no importa si es verdad o mentira. Deja tan sólo que tu imaginación vuele. Toma nota y volveremos a ello después.

Si pensamos en la autoconfianza como la capacidad para llevar a cabo una tarea por nosotros mismos, nos daremos cuenta de las diversas formas en que también podemos incrementarla. Una de ellas, habitual y conocida, es la formación. Podemos formarnos, aprender sobre diferentes materias y su aplicación práctica, por ejemplo. Y lo podemos hacer a través de cursos como éste, de la lectura de libros y revistas, por medio del cine y la televisión, en la universidad o en centros, con profesionales adecuadamente preparados y aprovechando los recursos que nos brinda Internet. En ese momento, tiende a desaparecer la sensación de carencia o ignorancia, para aumentar la de capacidad o posibilidades de desarrollo. En ese momento comienza a crecer nuestra confianza.

Hay otra forma para desarrollar confianza en la propia capacidad para llevar a cabo una tarea. Consiste en ir acercándose a la meta deseada, por etapas sucesivas, basadas en la experiencia. Se comienza con tareas sencillas y poco a poco se va incrementando su dificultad. Este método se ha usado a lo largo de los siglos para el entrenamiento o la capacitación laboral. Se inicia el proceso en la etapa de aprendiz y gradualmente, a lo largo del tiempo, se asumen más responsabilidades. Se asciende en la estructura laboral cuando se logra la maestría en las etapas previas.

También podemos usar la visualización de forma combinada con cualquiera de los métodos anteriores, e incluso estaría bien utilizarlos todos juntos. Esta fórmula consiste en generar representaciones mentales, combinadas con procesos emocionales positivos, motivadores y alegres, en relación con la tarea que se pretende realizar.

Hagamos un ejercicio al respecto. En primer lugar observa qué carencias tienes desde tus inteligencias múltiples. Después considera en qué campos te gustaría seguir avanzando y finalmente organiza tu camino de vida para ir progresando diaria, semanal, mensual y anualmente, para conseguir superarte en esas áreas. No esperes que nadie te diga lo que es mejor para ti. Decídelo escuchando tu corazón ahora. No te preocupes por elegir lo mejor, evitando equivocaciones. Confía en lo que ahora sientes en tu corazón. Acertarás. Después cierra tus ojos e imagínate al final de cada día, de cada semana, de cada mes y de cada año, sintiendo una inmensa satisfacción por tus progresos y logros. Nota en tu pecho una alegría creciente, como fruto de tus esfuerzos. Después, descansa en esa sensación de gozo.

La timidez

La mayoría de las personas que conozco se declaran tímidas, en algún sentido, en mayor o menor grado. Yo también. Puede que, para otras personas, no demos esa impresión. Cuando yo declaro mi timidez, en ciertos ámbitos, hay quienes creen que les estoy gastando una broma. Pero interiormente solemos sentir dudas y temores. Unas veces tienen fundamento y otras no. ¿Quién no ha dejado de luchar por algo, en algún momento, porque piensa que otros, aun estando menos preparados, saben moverse y ofrecer una mejor imagen de sí mismos? En cualquier área de la vida, en cualquier momento de cansancio, decepción o frustración, podemos experimentar la falta de confianza en nosotros mismos, es una característica humana, aunque algunos la escondan. Pero el problema no es sentirlo. El problema es quedarnos paralizados por ese temor; no hacer nada por superarnos, aprender y mejorar. Veamos a continuación algunas sugerencias y alternativas:

1. Ante el primer síntoma de desconfianza, pregúntate: «¿Qué es lo peor que me podría pasar?». Solemos conceder demasiada importancia a los problemas potenciales, a lo que creemos que nos puede ocurrir si hacemos algo. En relación a este punto, te propongo:
   Aprovecha toda tu energía para lograr tus metas, en lugar de malgastarlas preocupándote por lo que podría ocurrir. Confía en ti. Reduce los riesgos y avanza sin mirar atrás. Los errores también enseñan.

2. Si notas la incertidumbre, si te asusta hacer algo por primera vez, imagina que ya lo has hecho. *Cierra tus ojos y disfruta de imaginarte, de la forma más detallada que te sea posible, que has logrado con éxito lo que te dispones a hacer.* Tu mente, todas tus funciones y habilidades, se ajustarán para seguir el modelo que les presentes. Así conseguirás superar el temor de la primera vez. Puedes repetirlo en tu imaginación todas las veces que lo necesites, hasta que dejes de considerarlo novedoso.

3. *Proyéctate al futuro, con 5000 años de experiencia, y pregúntate si a lo que te enfrentas es algo tan importante como ahora te parece.* Este ejercicio es muy eficaz; funciona a la perfección. También puedes imaginarte en tu lecho de muerte, con una sonrisa en los labios, haciendo recuento de lo que ha sido tu vida. Te rodean tu familia y tus amistades. Estás revisando los momentos más significativos de tu existencia. ¿Realmente crees que a lo que ahora haces frente va a aparecer en ese repaso? Eso es altamente improbable. Viendo las cosas con la perspectiva adecuada nos damos cuenta de la importancia que realmente tienen.

4. *Cómete, con ensalada o patatas fritas, la vocecilla interna que te hace creer que no sabes cómo actuar. Imagínalo literalmente. También puedes imaginar, por si no tienes hambre, que tienes en tus manos el mando a distancia de tu televisor mental, baja entonces el sonido; pulsa el mute. O cambia de canal, a ese otro programa que te gusta tanto y recuerda la última vez que lo viste. Ríete. Disfruta.*

5. Piensa en «¿cómo sería si...?». *Ante una situación concreta, si tuvieras confianza, ¿cómo actuarías? ¿Cómo te moverías? ¿Cómo hablarías? ¿En qué pensarías? ¿Qué cosas te dirías?* Preguntándote esto, fuerzas tu imaginación a crear un estado de confianza. Después, actúa en consecuencia.

6. *Recuerda o busca una persona que muestre confianza en el área que te interese, en ese aspecto concreto. Cuando lo consigas, imítala.* Imita su comportamiento, su actitud, sus gestos y aplícalo, de la mejor forma posible, en el contexto que necesitas. Podrías llegar a hablar con ella, y si no, tratar de acercarte, de observarla todo lo que puedas. Aprende a representar ese papel, como si se tratara de actuar en la mejor producción cinematográfica de todos los tiempos.

7. Las oportunidades que no aprovechas, se pierden. *Atrévete a hacer lo que sientes; aunque te equivoques, acertarás.* Imagínate, por ejemplo, que necesitas preguntar algo, pero prefieres no hacerlo y dejarlo pasar, para no molestar. Cambia el chip. Piensa que las personas que te rodean están ansiosas por ayudarte. Fantasea de la forma más exagerada que se te ocurra y ríete al hacerlo. Aunque no sea del todo cierto, ese entrenamiento es muy útil y divertido. Pruébalo. Si no consigues la respuesta a la primera, pregunta a todas las personas que necesites para obtener lo que buscas. Al final, lo conseguirás. De hecho, la mayor parte de las personas sienten satisfacción al ayudar a otros. Crea el mundo que deseas. Piensa constantemente que te mueves en un entorno amistoso.

Construir la autoconfianza

Cuando te sientes con déficit de confianza, con baja autoestima; cuando las dudas sobre tus capacidades minan diferentes aspectos de tu vida, impidiéndote disfrutar de lo bueno y lograr tus objetivos, recuerda que puedes aprender, como ocurre con el desarrollo de un músculo: siempre se consigue con ejercicio. Practica regularmente algunas fórmulas para la construcción de la autoconfianza. Muchas de éstas son variaciones del mismo tema. Por ejemplo, cuando te plantas afirmándote sobre tus pies, cierras los ojos y te imaginas un círculo de poder, en el que puedas entrar, como si fuera tu refugio secreto. En él puedes sentirte capaz de hacer cosas arriesgadas, que no harías normalmente, porque te asiste *ese poder especial,* de origen divino, sobrenatural o mágico. De esta forma, puedes desprenderte de tus pensamientos negativos y tus ansiedades, para reforzar tu valor. Otros ejercicios te permiten aprender a sentir la audiencia a la que te enfrentas y usar técnicas respiratorias o de relajación, para controlar la timidez y el miedo.

Los problemas más comunes relativos a la falta de confianza son:

– No atreverse a entablar conversación con extraños.
– Incapacidad para decidir.
– Ansiedad al tener que hablar en público, en una reunión, frente a un grupo de personas o ante alguien que represente autoridad.
– El autojuicio condenatorio.
– Tener demasiadas dudas con respecto a las propias capacidades.
– Permitir que los demás «nos pisen».
– Incapacidad para decir «no».

Medir la autoconfianza

A continuación expongo una serie de elementos a tener en cuenta y que pueden servirte de escala para medir tu autoconfianza, en la medida en que descubras tus tendencias hacia uno u otro lado.

1. Lo primero a tener en cuenta es cómo ha sido tu pasado, cómo te han tratado las circunstancias y sobre todo las personas que te han rodeado. Esto te dará algunas pistas de cómo actuar, en tu caso concreto, y podrá mostrarte un cambio de rumbo, si fuera necesario. También te ayudará a comprender, en todo caso, que fue tu entorno y no tú quién falló.

2. Observa tu tendencia a realizar actividades que sean de tu agrado, en las que puedas llevar a cabo una labor constante, hasta que consigas destacar en ella. Fíjate en todo lo que tenga que ver con tu vida: una actividad deportiva, altruista, cultural, manual, intelectual, profesional, social, familiar, íntima, etc.

3. Considera después tu aspecto personal y tu nivel cultural. Siempre se puede mejorar gracias a una ropa más adecuada, por ejemplo. Por otra parte, puedes preguntarte si aprendiste todo lo que deseabas o necesitabas. No necesariamente tienes que haber realizado estudios formales, reglados; también puedes considerar la asistencia a conferencias, tertulias literarias, coloquios, exposiciones y cosas por el estilo, dentro de las que se encuentran o encontraron a tu alcance en tu ciudad o en una población cercana.

4. Piensa en la forma en que te presentas ante los demás. ¿Lo haces tal y como eres, sin ocultar tus defectos, manías o miedos? Al permitirte ser como eres, verás que muchas de las personas con las que tratas no te rechazan, no rehúyen tu compañía. Puedes comprobar incluso que tus supuestos defectos «raros» son problemas bastante frecuentes en las personas. Entonces podrás experimentar una sensación de alivio, de mayor conformidad con tu forma de ser; mayor autoconfianza.

5. Considera tu tendencia a dejar que las personas con vocación de «resuelve-problemas» te digan lo que tienes que hacer. Procura evitar que esto ocurra. Nadie debe asumir tus responsabilidades. Esto sólo aumenta tu sensación de no ser capaz de afrontar tu vida.

6. ¿Cuál es tu margen de tolerancia al daño que puedan hacerte otras personas? Siempre habrá un reducido número, menos de las que imaginas, que te harán daño cuando te presentes como eres; te rechazarán. Es un precio que se paga, pero un precio muy bajo en contraposición con la sensación crecimiento en seguridad personal.

7. ¿Cuál es tu tendencia a aparentar lo que no eres o a mentir sobre aspectos de tu vida para ganar prestigio? ¿Tiendes a rodearte de aduladores/as? A la larga, esto sólo aumenta tu sensación de no valer lo suficiente.

Ahora puntúate, del uno al diez, en cada uno de estos aspectos y guarda los resultados en tu cuaderno de trabajo, repitiendo la medición una vez al mes.

Recapitulando

La inteligencia emocional comienza con la autoconciencia. El término «conciencia» se usa para distinguir, entre las diferentes funciones mentales, las características que se refieren tanto al llamado «estado de conciencia» como para designar los procesos internos de las personas, de los que resulta posible «darse cuenta». Aquí lo estamos usando en este último sentido.

En el primer caso, la conciencia es «vigilancia o estado de alerta» y coincide con nuestra participación en los acontecimientos del medio que nos rodea. Pero la autoconciencia no es una función tan simple y directa como pudiera parecer a primera vista, en especial cuando hablamos de nuestras emociones. Para poder controlar nuestra irritabilidad debemos ser conscientes de aquello que la desencadena, del proceso por el que surge tal emoción; sólo entonces podremos aprender a aplacarla y a encauzarla de forma adecuada. En esto pueden ayudarnos los ejercicios de exploración del material onírico, además de la sensibilización corporal, el trabajo con la imaginación y la observación de gestos y posturas propios y ajenos. Sobre todo ello hemos ido hablando. Ahora nos corresponde dar un paso más.

Una clave importante de la autoconciencia se encuentra en saber sintonizar con la abundante información de la que disponemos sobre nosotros mismos de lo que constituyen nuestros sentimientos, sensaciones, valoraciones, intenciones y acciones, conscientes e inconscientes. Esta información nos ayuda a comprender cómo respondemos, nos comportamos, nos comunicamos y funcionamos en diversas situaciones. Un alto grado de autoconciencia puede ayudarnos en todas las áreas de la vida y especialmente en la enseñanza, el estudio y el aprendizaje, así como en sus correspondientes aplicaciones en la experiencia diaria.

Como vimos, las emociones mantienen una vinculación directa con nuestros gestos y expresiones corporales, a las que también se asocian una serie de manifestaciones físicas como transpirar, respirar con dificultad, la tensión o la fatiga, vinculadas con descargas o alteraciones hormonales. Por otra parte, pueden apreciarse también ciertas manifestaciones cognitivas ligadas a la facilidad o dificultad para la concentración, la conducta motriz o física, la activación o el bloqueo de los procesos del pensamiento, el olvido, la confusión y otros síntomas o experiencias cotidianas que todos hemos experimentado y seguiremos haciéndolo. Cuando carecemos de autoconciencia, en la medida en que carecemos de ella, seremos víctimas de tales procesos que pueden afectar muy negativamente nuestra vida. Por el contrario, cuando nuestra autoconciencia aumenta, cuando la desarrollamos, podemos aprender a controlar y optimizar de forma coherente las correspondientes reacciones involuntarias para ponerlas a nuestro favor y facilitarnos la existencia. Esto tiene que ver con esa maestría que citaba en el capítulo anterior.

Una herramienta clave para la autoconciencia, por lo tanto, es la experiencia del propio cuerpo y de sus señales de excitación. Tendríamos que ser capaces de visualizarnos internamente, sentir cada parte, como una representación mental con detalles minuciosos, incluida la respiración, la transpiración, el desasosiego, el gozo, la ternura, la alegría serena, la capacidad voluntaria de concentración, los pensamientos inquietantes y sugerentes, así como sus contenidos.

Como primer paso, nos conviene entrenarnos en considerar las manifestaciones exteriores de excitación interior como algo perfectamente natural y saber que nuestra consciencia va a ir reduciendo, poco a poco, las influencias perturbadoras o inoportunas de tales señales. La finalidad del proceso no es perder tales señales, sino seleccionarlas para quedarnos tan sólo con las que nos resulten agradables o gozosas, que se relacionan con la experiencia de sabiduría «iluminada» o plenitud mística trascendente, que veremos al final del capítulo.

Si una persona tiene su autoconciencia reducida, limitada o pobre, ignorará sus propias debilidades y carecerá de la seguridad que se genera cuando tenemos una evaluación correcta de los puntos fuertes y débiles, tal y como venimos considerando. Desde los primeros ejercicios que se propusieron al tratar de las inteligencias múltiples. Sigamos en el proceso hasta el logro final del bienestar completo.

El sentido existencial

Que la vida de una persona tenga sentido, que tenga algún significado, se hace posible cuando se descubre una cualidad, una característica propia, una esencia, que la justifica como útil en la vida en general o con respecto a ella. Por ello se logra como consecuencia del autoconocimiento. No siempre ocurre, sin embargo. Si así fuera, nos estaríamos topando con uno de los puntos débiles que van minando nuestras estructuras internas, fundamentalmente las emocionales, desembocando en una grave decadencia posterior.

En este punto, como complemento de las preguntas que te invité a hacerte íntimamente en el capítulo anterior, te propongo matizarlas con otras nuevas: «¿Qué significa mi vida? ¿Qué sentido tiene?». Entrénate con este tipo de ejercicios, de autorreflexión emocional, desde el corazón, en diferentes momentos del día; cuando no tengas una actividad racional, técnica o profesional de responsabilidad. Puedes hacerlo mientras te desplazas en transporte público, caminas o te permites descansar de otras ocupaciones, respirando y dejando que tu vista se pierda en un horizonte agradable. Procura darte respuestas en diferentes momentos y etapas favorables y alegres. En las desfavorables, tristes y depresivas se tiende a hacer, para llegar inmediatamente a la conclusión de que no existe ninguno. Resulta muy útil conservar las respuestas halladas en momentos de optimismo, para llenar los huecos de las naturales y cíclicas tendencias a la depresión natural del cansancio físico, mental y emocional.

Hay momentos de júbilo en que disfrutamos de un atardecer, en el silencio del campo, la montaña o el rumor de las olas, en soledad o en compañía de personas agradables o entrañables. En algún instante de nuestra vida habremos encontrado algo parecido; si no fuera así, es urgente que lo busquemos. Podemos rememorarlo o hacernos conscientes mientras sucede, para decirnos con profundo entusiasmo: «Vivir significa gozar de momentos así». Porque en esos momentos nos embarga una emoción especial que nos llena por completo. Entonces sentimos que nuestra vida tiene sentido.

Cada vez que hacemos todas y cada una de estas pequeñas o grandes cosas estamos logrando un sentido en nuestras vidas. Nos conviene hacerlo consciente, recordarlo, revivirlo de vez en cuando. Así evitaremos que nuestra mente se pierda en el vacío; que se diluya en la insignificancia, encerrada en sí misma. Pero recordemos: para que pueda darse una noción de sentido, deben ponerse en relación un término simbólico o abstracto con otro concreto o dos elementos concretos a través de un puente abstracto, como pueden ser los recuerdos y fantasías satisfactorias que rememoramos convertidos en palabras, verbalmente o por escrito.

Una joya, una flor o un libro que alguien nos regaló alcanzan un sentido, un significado especial, que nos conecta en el tiempo con aquella persona y el hecho que conmemora. Un primer o último encuentro con alguien, la expresión de un sentimiento importante, íntimo, dotan de significado a una fotografía o a un regalo. A partir de ese momento, el objeto se convierte en un puente, en una conexión en el tiempo, que nos ayuda a mantener la conciencia de que nuestra vida se encuentra llena de sentido; llena de significados unidos, conectados en el espacio y en el tiempo.

Por otra parte, todo encuentro en el presente con otros seres humanos, animales o lugares que nos proporcionan compañía o amparo, refuerzan nuestra sensación de seguridad y bienestar; nos proporcionan un sentido vital por el hecho mismo de la conexión que se establece, sin necesidad de dotarla de significado, al menos en primera instancia. No hace falta, la mayor parte de las veces, que esa persona, lugar o animal de compañía nos garanticen protección; es suficiente con que estén ahí.

Te propongo experimentar el sentido existencial más allá del pensamiento; en la intimidad de tus sentimientos y emociones tiernas. Deja que te llene hasta florecer como sonrisa de satisfacción. En ese momento, sabrás quién eres.

Un viaje iniciático

La referencia a los procesos iniciáticos, como forma de aprendizaje integral, racional y emocional, en muy antigua. En cierta forma, ha sido siempre la manera más auténtica de crecimiento personal, desde la época de las cavernas. Esta experiencia suele consistir en una historia, un cuento, una leyenda o referente mítico arquetípico que se traslada y representa como experiencia dramatizada, es decir, experimentada corporalmente de alguna forma. Es el origen de todos los ritos, aunque muchos de ellos perdieron «la magia» y se quedaron en meras repeticiones mecánicas vacías o ligadas a creencias limitadoras o manipuladoras de las personas, especialmente cuando se masifican, perdiendo el sentido de experiencia personal y la auto-conciencia.

Cuando te sugerí la metáfora de ver ese curso como un viaje a través de una selva de conocimientos y experiencias, como una aventura, te estaba proponiendo un viaje iniciático personal. Y hemos ido progresando juntos, asumiendo yo el papel de guía, a través de situaciones difíciles o adversas, emocional e intelectualmente, con la invitación constante a experimentar cambios constatables, para producir trasformaciones en tu personalidad, desde el respeto y la sinceridad; desde la cercanía del compañerismo. Te he ido invitando a la autoconciencia, a mirar desde diferentes ventanas de tu edificio interior aquello que te rodea. ¿Has comenzado a vislumbrar el sentido? ¿Estás sintonizando con la sensación de poseer una misión, una tarea clara en la vida, que mana de tu corazón, más allá de las opiniones, consejos o requerimientos de los demás, incluido yo mismo? Si es así estarás contemplando ya modificaciones en tu carácter, entre experiencias de mejora en tu persona. Si aún no lo sientes, te invito a seguir caminando. No tengas prisa, pero tampoco te detengas. A tu ritmo, a tu paso, disfrutando de los pequeños momentos del camino, estás viajando hacia lo mejor de ti: simbólicamente, un paraíso gozoso y luminoso.

Este tipo de experiencias y propuestas ha estado siempre en los cuentos y películas populares de aventuras, en las que vemos al personaje principal evolucionando a través de diversas peripecias, que, una vez superadas, nos hacen sentir que ha logrado coronar su misión. En esos momentos estamos sondeando también nuestro interior a través de los símbolos que nos proponen, como en los relatos breves y rápidos que te sugería antes.

Los antecedentes más lejanos de viajes iniciáticos, como te decía, provienen de la más remota antigüedad y aún persisten en algunas culturas que han conservado la costumbre de realizar procesos rituales que servían, y todavía sirven, para obtener una categoría o estatus deseado. Entre las culturas que aún conservan estos ritos se encuentran multitud de tribus primitivas, cuyos miembros púberes deben avanzar hacia la madurez mediante algún tipo de «rito de paso». Puedes ampliar esta información con el libro del antropólogo Mircea Elíade, que cito en la bibliografía: *Iniciaciones místicas*. También las tribus urbanas, algunas sectas religiosas, sociedades esotéricas y mafiosas plantean pruebas de este tipo para entrar. En el ámbito universitario y militar, perduran en forma de «novatadas».

Lo que ahora te propongo es aprovechar simbólicamente estos procesos, que han demostrado siempre su eficacia, en un sentido constructivo de aprendizaje y desarrollo personal. Por supuesto, dejamos fuera los condicionamientos o prejuicios fanáticos de cualquier tipo, las burlas de las novatadas o amenazas mafiosas, dando prioridad a la autoobservación, la autoconciencia y la libertad interior, para desarrollar la seguridad personal y la libertad que te aporta el autoconocimiento.

Date unos segundos ahora. Respira, siente y observa las sensaciones que esta propuesta de viaje iniciático te genera. Deja que aflore esa grandeza, ternura y seguridad que aparecía cuando te proyectabas hacia un futuro de cinco mil o millones de años de tu experiencia de sabiduría luminosa y serena. Respírate y dialoga contigo, desde lo más profundo de tu ser, en un sonriente silencio.

Hacia la experiencia trascendente

La parte consciente y la inconsciente de nuestra mente raramente concuerdan en sus contenidos y tendencias, lo que no es accidental. Como vimos, se debe al hecho de que la parte inconsciente se comporta de forma compensatoria o complementaria con respecto a la parte consciente. Es decir, que filtra las percepciones o datos relevantes e irrelevantes o problemáticos.

La definición y dirección de la mente consciente ha supuesto adquisiciones extremadamente importantes, por las que la humanidad ha pagado un alto precio. Y tal precio debe generarnos sus correspondientes beneficios, en un mejor y mayor servicio de tales funciones y estructuras mentales. Son cualidades indispensables, tanto para quienes se dedican a la política, la medicina y la ingeniería, como para los obreros y trabajadores manuales de la escala de producción primaria. La desvalorización social aumenta en el mismo grado en que estas cualidades se deterioran por los prejuicios y condicionamientos acumulados en el inconsciente. Las personas que destacan en las diferentes áreas artísticas y creativas son excepciones al planteamiento anterior. Su gran ventaja consiste en la permeabilidad de la frontera que separa su parte consciente y su inconsciente. Por ello mismo estamos suavizando esa frontera a través de los ejercicios propuestos y aumentando nuestra sensibilidad consciente, el autoconocimiento, para liberar, depurar y facilitar el acceso, la comunicación, entre los diferentes aspectos de la mente y sus correspondientes inteligencias.

Mediante los actos de juicio y razonamiento analítico, el proceso se vuelve unilateral, aun cuando el juicio racional pueda parecer multifacético y desprejuiciado. La verdadera racionalidad de nuestros juicios puede llegar a ser el peor de los prejuicios, ya que denominamos «razonable» lo que nos parece bien, sin caer en la cuenta de nuestros condicionamientos adquiridos. Aquello que consideramos poco razonable está condenado a ser excluido, debido a su carácter «no racionalizable». Y pudiera ser auténticamente irracional, pero muchas veces sólo parece irracional sin realmente serlo. Esto es lo que vimos en los problemas que se plantearon desde los test de inteligencia racional, que generaron la necesidad de observar la inteligencia desde otras perspectivas.

La contraposición entre lo racional y emocional, la parte consciente y la inconsciente, no es peligrosa hasta que no alcanza una carga elevada de energía. Pero si la tensión aumenta como resultado de una unilateralidad exagerada, la contratendencia irrumpe en la mente consciente, por lo general en el mismo momento en que es más importante mantener la dirección consciente. Así, una persona tiene un *lapsus linguae, se equivoca tontamente,* cuando desea especialmente no decir nada estúpido. Este momento es crítico debido a su alta tensión energética, la cual, cuando el inconsciente está cargado, puede «relampaguear» y liberar el contenido inconsciente, que es lo que estamos aprovechando a través de los relatos rápidos de un minuto, propuestos en los ejercicios.

La vida actual nos exige un funcionamiento consciente concentrado y dirigido, con el riesgo que supone de generar una disociación considerable con respecto al inconsciente. Cuantas más habilidades desarrollemos para poner en comunicación la parte consciente y la inconsciente, a través de un proceso voluntario, más fácilmente podremos evitar la contraposición o lucha dentro del inconsciente que bloquea ciertos contenidos, para evitar sus desagradables consecuencias neuróticas y procesos psicosomáticos asociados.

En los inicios del psicoanálisis se asumía que los pacientes estaban listos para retornar a su vida normal tan pronto como hubieran adquirido suficiente autoconocimiento práctico para comprender sus propios sueños. Pero no es tan fácil. Por eso estamos desarrollando técnicas combinadas, desde diferentes ángulos de contraste, a la vez que ampliamos nuestra sensibilidad más allá de los aspectos analíticos de la mente, contando con la autoconsciencia bien definida en los ámbitos emocionales.

Si no tenemos la capacidad para producir fantasías libremente, necesitamos recurrir a técnicas elaboradas y contrastadas. La razón para invocar tal ayuda es por lo general un estado de malestar, insatisfacción o depresión, para el que no se puede encontrar ninguna causa adecuada. Pero en la intensidad del disturbio emocional radica su valor, la energía disponible para remediar el estado de adaptación deficiente. Nada se consigue reprimiendo este estado o desvalorizándolo racionalmente.

Por tanto, para recuperar y encauzar adecuadamente la energía que se encuentra en el lugar equivocado, es preciso aprovechar ese estado emocional como base o punto de partida. Es fundamental potenciar la autoconciencia, profundizando en los diferentes aspectos, matices, intensidades y modos emocionales sin reservas y aceptando en el proceso el papel de todas las fantasías y asociaciones que aparezcan. Se debe aprender a desarrollar un proceso dirigido desde la propia y libre voluntad. En él debe haber claridad sobre los objetivos de vida y su sentido. Eso es lo que estamos construyendo, a través de los diferentes ejercicios propuestos, para poder liberar al máximo la fantasía, sin generar tensión o lucha inconsciente; miedo ante lo inadecuado.

Este procedimiento es una forma de enriquecernos y clarificarnos afectivamente. Nuestros deseos y necesidades afectivas profundas, así como sus contenidos, se hacen más conscientes y aceptados. Este trabajo, por sí mismo, genera una influencia favorable y revitalizadora. Crea nuevas situaciones. Así comienza de la función trascendente, es decir, la colaboración eficaz entre los datos y procesos conscientes e inconscientes.

Para que se desarrolle adecuadamente la función trascendente, debe eliminarse la atención crítica. Quienes tienen predominancia por lo visual deberían centrarse en la expectativa de que aparezca una imagen interna. Siempre aparece al permitirse una contemplación libre y no crítica. A su vez, quienes se orientan más en lo auditivo-verbal tienden a escuchar palabras internas, fragmentos musicales o frases aparentemente sin sentido, de las que también debería tomarse nota cuidadosamente. En algunos casos se oye una voz de «otra persona». En los procesos enfermizos, se oye directamente esa voz como alucinación auditiva. Pero las personas normales, cuando su autoconciencia está suficientemente desarrollada, son capaces de reproducir esta voz inaudible sin dificultad. Cuando resulta irritante y refractaria, en los casos de prejuicios y condicionamientos heredados en el proceso de formación y educación infantil, casi siempre se reprime.

Existen otros, en cambio, que ni ven ni oyen nada en su interior, pero cuyas manos tienen el don de expresar los contenidos del inconsciente. Estas personas pueden trabajar provechosamente con materiales plásticos. Aquellos que son capaces de expresar el inconsciente por medio de movimientos corporales son más bien escasos en nuestra sociedad occidental, aunque se han ido potenciando en las últimas décadas, a través de las influencias orientales, como en el caso del Katsugen y la Biodanza, o con más arraigo religioso, como los derviches musulmanes y las danzas hindúes, como la Bharata Natyam, la Odissi y la Mohiniattam. Más rara aún, pero igualmente valiosa, es la escritura automática.

También es importante saber qué hacer con el material obtenido a través de las formas descritas. En este sentido, es la experiencia práctica la que nos da la clave. Existen dos tendencias principales: la *expresión creativa* y la *comprensión*.

En el primer caso, el material está continuamente variando e incrementándose hasta una cierta condensación de motivos que tiene lugar en unos símbolos más o menos estereotipados, como son los «mandalas». Éstos estimulan la fantasía creativa y sirven principalmente como motivos estéticos. Esta tendencia conduce a un problema estético de formulación artística.

En el segundo caso, el aspecto estético carece de interés y puede llegar a verse como un obstáculo. En cambio, se produce un fuerte impulso por comprender el *significado* del producto inconsciente.

Ninguna de estas tendencias se puede aprender a través de técnicas que impliquen «fuerza de voluntad»; se desarrollan como resultado de la peculiar constitución de la personalidad individual, desde sus inteligencias múltiples. Y no deben forzarse por el peligro que supone de «perder la cabeza», cuando no se ha producido un equilibrio suficientemente maduro de los demás aspectos implicados en las inteligencias múltiples. El riesgo de la tendencia estética es la sobrevaloración del valor formal o «artístico» de las producciones de la fantasía, desviándose de la verdadera meta de la función trascendente, para quedarse en fórmulas puramente. El riesgo del deseo de comprender su significado es la sobrevaloración del contenido. Cuando éste se somete a un excesivo análisis e interpretación intelectual, se pierde su carácter esencialmente simbólico.

Te propongo ahora un ejercicio sencillo, basado en el sentido estético taoísta. Necesitas, para llevarlo a cabo, un pincel de pelo suave, un tintero, un vaso de agua y una cartulina blanca, del tamaño que prefieras. Te recomiendo el A4 o el A3, que son también los que más fácilmente puedes encontrar en cualquier papelería. Cuando tengas este material, siéntate, respira profundamente, pon una música muy suave, agradable, de fondo y deja que tu mirada se pierda por un horizonte amplio, interno o externo, es decir, con los ojos cerrados o mirando por una ventana. Cuando hayas conseguido una sensación de serenidad, a través del ritmo de la respiración y la contemplación sensual de ese horizonte amplio, toma el pincel, métele en el agua, escúrrelo y acaricia la cartulina con sensación de gozo. Céntrate sólo en la sensación de acariciar con ternura, sin pretender dibujar o pintar. Después, juega a mojar el pincel en la tinta, diluyéndolo a continuación en el agua, para acariciar de nuevo la cartulina con ligeras tonalidades, que irán muy poco a poco en aumento, en ciertas zonas. Después, déjate llevar el tiempo que desees, con la sensación de jugar, sonriendo, como si el tiempo no existiera; como si el mundo se hubiera detenido entre pincelada y pincelada. Si lo consigues, puedes seguir danzando con la música sustituyendo el pincel por tu cuerpo.

Así podrás acercarte a una sencilla experiencia práctica de la función trascendente. Al terminar, anota las sensaciones y pensamientos que te lleguen, sin pretender analizarlos. Llegarás a darte cuenta de su verdadera riqueza y significado más adelante.

Motivación

En muchos anuncios con ofertas de trabajo aparece hoy la capacidad de motivarse, la automotivación, como requisito; aunque suela estar camuflada con otros términos, como pueden ser: «Persona emprendedora», «Con capacidad para trabajar de forma autónoma», lo que quiere decir que se busca a alguien capaz de asumir una tarea, perseverar en ella, desarrollarla y resolver cualquier contratiempo que se pudiera producir en el proceso. Y es relativamente fácil comprender las razones por las que la automotivación es una cualidad tan deseada y deseable en el ámbito laboral: una persona que trabaja automotivada requiere menos control, pierde menos tiempo y tiende a desarrollar mejor su capacidad creativa y productiva.

Pero antes de seguir avanzando por este camino, el de la automotivación, que es el objetivo del tercer nivel del curso de Inteligencia Emocional, conviene que nos detengamos a reflexionar y ejercitarnos en lo que se entiende por motivación.

En primera aproximación al término, podemos definirlo como *la capacidad generadora de impulso para llevar a cabo una acción, interna o externa*. También podría entenderse como *la pasión por el logro*. Otro matiz en su definición es considerarla como una *predisposición que dirige las conductas hacia la obtención o satisfacción de un deseo*.

Etimológicamente, proviene del verbo latino *moveré*, que significa «mover» o «poner en movimiento»; «estar listo para la acción». Pero es importante comprender que tal movimiento necesita un combustible, como ocurre con los motores que usamos para el transporte o la industria. En el caso de la motivación, ese combustible es el *deseo*. Por otra parte, obtener lo que se desea es, para la mayor parte de la población mundial actual, sinónimo de felicidad. Por lo tanto, en diferentes aspectos y ámbitos de vida, la motivación tiende a convertirse en la clave de cualquier logro y progreso hacia el bienestar y la felicidad. Pero, especialmente en el mundo profesional, hoy en día se relaciona directamente con la esencia del éxito. Así lo expresa Lee Iacocca, uno de los llamados gurús del mundo empresarial: «Nada hay más importante, en la gestión empresarial, que saber motivar a las personas».

Estado de tensión y búsqueda de satisfacción

Esta fuerza directriz, generada a partir del deseo, se produce como consecuencia de un estado de tensión, originado en una o varias necesidades insatisfechas. Veamos un ejemplo. Si sentimos hambre, se genera una tensión interior que despierta el deseo de comer. El hambre a su vez se despierta porque hay necesidades insatisfechas en nuestro organismo, como pueden ser los bajos niveles en azúcares o proteínas.

Cada uno de nosotros se esfuerza, consciente o inconscientemente, en reducir la insatisfacción. Y lo hacemos a través de conductas que esperamos que nos ayuden a cubrir nuestras necesidades. Esta esperanza, como consecuencia, se enfoca hacia la desaparición de los estados de tensión que diariamente sufrimos, en sus diferentes modalidades. Veamos a continuación un cuadro esquemático del proceso:

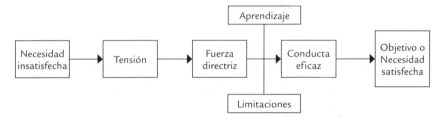

Necesidades

Todos tenemos necesidades. El conocido psicólogo norteamericano Abraham Maslow, definió cinco niveles de necesidad en una tabla que los hizo famoso.

Necesidades fisiológicas básicas

Comida. La necesidad de comer
Agua. La necesidad de beber
Aire. La necesidad de respirar
Abrigo. La necesidad de sentir calor, cobijo o abrigo
Sexo. Con respecto a la necesidad de mantener relaciones sexuales

Necesidades de seguridad
Seguridad física
Seguridad emocional

Necesidades de afiliación o pertenencia
Pertenencia a un grupo
Estatus o índole social
Moralidad

Necesidades de reconocimiento
Autoestima
Reconocimiento social

Necesidades de autorrealización
Sentido ético y valores
Creatividad

Deseos, percepción y equidad

Podemos entender los deseos como fuerzas o impulsos motivadores, condicionados ambientalmente y relacionados con las necesidades, que mueven a las personas a la consecución de metas específicas. En este caso, se trataría de motivaciones primarias impuestas por la naturaleza, con el propósito de mantener y desarrollar la vida. Por ello mismo resulta fácil identificar y reconocer los deseos que diariamente experimentamos, en relación con las necesidades fisiológicas que veíamos antes: la de comer, beber, respirar, sentir abrigo y mantener relaciones sexuales.

Paralelamente a los deseos, ligados por la naturaleza a las necesidades básicas para el mantenimiento de la vida y establecidos en todos los seres humanos, en todos los seres vivos según sus propias características, se establecen diferencias entre unas personas y otras, en relación con la percepción. La percepción es el punto de vista que tenemos del mundo que nos rodea. Cada persona tiene un punto de vista diferente ante un mismo hecho, conformado por su educación, su experiencia y capacidades o limitaciones genéticas. Por otra parte, cada uno de nosotros tendemos a percibir lo que esperamos percibir, debido a nuestros condicionamientos y prejuicios, generados a lo largo del proceso de educación y aprendizaje. Por otra parte, el impulso primario que experimentamos para reducir o suavizar la tensión generada por nuestras carencias y necesidades también nos mueve en determinados procesos. Antes de satisfacer un deseo, generamos una representación interna sobre la forma de lograrlo. Consideremos el ejemplo de la necesidad de comer, que veíamos antes.

Las percepciones de justicia e imparcialidad tienen una influencia decisiva en la motivación. Cada persona tiende a valorar la justicia en comparación con el resto de las personas de su medio. Cuando se percibe injusticia o imparcialidad, decrece la motivación y la satisfacción.

Motivación primaria

En función de las necesidades primarias, las personas se motivan con recompensas económicas. El dinero permite comprar aquello que les proporciona satisfacción. Funciona claramente en la categoría de las necesidades fisiológicas básicas y de seguridad.

Motivación secundaria

Con respecto al sexo y la seguridad emocional pueden darse situaciones paradójicas, puesto que hay una cierta interacción entre ambas. El dinero es necesario pero no suficiente. La motivación real, en lo que respecta a las necesidades secundarias, se da en otros elementos de índole psicológica y social.

Los dos factores de Herzberg

Herzberg descubrió que hay dos factores separados que influyen en la motivación. Es decir, que la motivación y la desmotivación no están en una misma línea continua; no son proporcionalmente inversas.

1. Factores higiénicos o de mantenimiento.
   Son aquellos que deben darse para evitar la insatisfacción, pero su presencia no es motivadora. Ejemplo de éstos son las prestaciones normales en un determinado medio y las normas de convivencia.
2. Factores motivacionales.
   Son las condiciones que favorecen la motivación pero cuya ausencia no resulta insatisfactoria: premios o beneficios extraordinarios.

Los factores higiénicos pueden ser motivadores para quienes los buscan, al provenir de algún medio diferente.

Los factores motivacionales pueden ser considerados como de mantenimiento para algunos individuos de un mismo medio, con necesidades secundarias de más alto nivel.

La materia prima en la búsqueda de satisfacción

Como veíamos en el capítulo anterior, la fuerza directriz generada a partir del deseo se produce como consecuencia de un estado de tensión, relacionado con una o varias necesidades insatisfechas. Para avanzar hacia la automotivación, éste es un buen punto de inicio. En este momento, ya deberías conocer tus puntos débiles, necesidades y deseos, como consecuencia de los ejercicios que se propusieron en los niveles anteriores de este curso de Inteligencia Emocional. Si es así, cuentas con la materia prima desde la que puedes elaborar tu «piedra filosofal» de la motivación. En cualquier caso, repasaremos ahora tales necesidades y deseos en relación con la pirámide de necesidades de Maslow. Quienes tengan ya resultados de los ejercicios realizados en los niveles anteriores deben consultarlos ahora para ponerlos en relación con los aspectos que trataremos a continuación. Si no tienes ese material de partida, puedes comenzar desde aquí para recorrer el camino a la inversa.

Comenzaremos con las necesidades fisiológicas básicas. Entre ellas vimos que se encontraba la comida; la necesidad de comer. En este sentido, debes plantearte la pregunta ¿hasta qué punto me satisface comer? ¿Qué es lo que más me motiva de la comida?

Al tratarse de una necesidad fisiológica básica, todos podemos responder con facilidad a las preguntas anteriores. Las respuestas pueden ser muy diferentes, en función de nuestras perspectivas, circunstancias y situación actual. En ellas nos individualizamos y encontramos los elementos más rudimentarios de nuestra automotivación. Aunque no por ser rudimentarios son desechables; al contrario. El planteamiento de Maslow, en forma jerárquica piramidal, es para destacar que no se puede avanzar hacia motivaciones superiores si no se han cubierto adecuadamente las necesidades previas. En caso de hacerlo, debido a creencias o imposiciones dogmáticas, se generarán contradicciones y carencia de motivación real. Por eso es tan importante asegurarnos de que las necesidades básicas estén adecuadamente cubiertas.

Un caso

En el caso de la alimentación podría llegar a ser motivador una dieta o un ayuno. Esta insatisfacción voluntaria y temporal de una de las necesidades fisiológicas básicas, no obstante, tendría que estar adecuadamente compensada para evitar trastornos. Veamos un ejemplo. Supongamos que una persona decide hacer una dieta de reducción de calorías en su alimentación diaria para bajar de peso, contando con la automotivación de mejorar su autoimagen. Si el deseo de cambiar su aspecto físico es lo suficientemente fuerte podrá lograrlo sin dificultad. Pero si se trata simplemente de una idea en relación con un consejo que le ha dado otra persona, sin llegar a despertar un deseo experimentado visceralmente, fisiológicamente, podrá convertirse en un intento fallido. Y ese intento fallido, unido a la sensación de frustración o culpa, despertará una creencia inconsciente de incapacidad. A esto se le suele llamar «efecto rebote» en las dietas. Hay muchas circunstancias y variables que pueden provocar la desmotivación en el ejemplo propuesto. Pero en lugar de dedicar mucho tiempo a analizar las dificultades, me centraré en proponer una alternativa de automotivación adecuada para el ejemplo. Con ello aprovecho para establecer la sugerencia de planificar con entusiasmo las formas en que sí podemos acercarnos a nuestra meta u objetivo de satisfacción del deseo.

Para compensar la tensión producida por la insatisfacción de la reducción de comida o de ciertos alimentos apetecibles, sería de ayuda intensificar la motivación generada por la satisfacción del deseo desarrollado en relación con otras necesidades. Veámoslo en el ejemplo propuesto, planteándolo como si me motivara a mí mismo en un monólogo interno:

«Me gusta verme con esa imagen flexible y moldeada en mi cintura. Cuando comienzo a acumular grasas, me siento muy incómodo y me alivia mucho eliminarlas. Al hacer ejercicio me siento muy bien, notando cómo se van eliminando los depósitos sobrantes de grasa, como calorías como consumo. Vuelvo a sentir después mi vientre ligero y eso me llena de bienestar. Desde este bienestar me relaciono mejor. Me siento más seguro en el encuentro con otras personas, más sonriente; me comunico mejor. Más personas se acercan a mí para compartir mis gustos, ideales y conocimientos. Me siento involucrado en muchos grupos humanos; siento la cercanía de muchas personas en ellos. Eso me anima a sentirme bien conmigo. Siento alegría y me resulta sencillo desarrollar proyectos, metas, actividades. Me siento abundante y creativo. Es tan grande la riqueza humana, de conocimientos y de otros elementos, que me permiten gozar, que todo ello me alimenta. Me siento lleno por la abundancia que me rodea. A veces se me olvida comer. La energía me llega a través de muchísimas fuentes que me rodean. Y cuando como algo lo disfruto como si fuera el mejor manjar. Disfruto largo rato con los sabores, los aromas y las formas de este pequeño alimento que llevo a mi boca y lo siento crecer en mi interior. Siento que me llena completamente de energía y sensaciones. Y es tan grande el gozo que siento con un pequeño bocado de comida que me impulsa a compartir estas sensaciones con toda la humanidad. Cuando hablo de ello, lo expreso como conocimiento y siento que otras personas también lo disfrutan, mi gozo se multiplica a través de todas y cada una de sus miradas. Se me ocurren entonces nuevas ideas para seguir compartiendo con más personas lo que descubrí. Mi alegría se desborda. Me siento muy feliz. Y camino por las calles, durante horas, compartiendo miradas, compartiendo sueños y sonrisas; comparto bienestar. Es mi alimento. Mi forma de alimentación total».

Este monólogo interno, como ejemplo, va combinando diferentes necesidades y deseos para generar una automotivación múltiple, que desplaza la visión primaria del deseo de comer hacia muchos otros elementos. A través de este proceso de monólogo interno voy abriendo más posibilidades para reducir la tensión producida por la necesidad fisiológica del hambre. Ahora bien, para que la motivación sea de verdad operativa, debe estar asentada en sensaciones reales, en los verdaderos deseos que se generan vinculados con las diferentes necesidades, para dar respuestas de satisfacción real. Por lo tanto, se necesita tener mucha claridad en el autoconocimiento de necesidades para elaborar las representaciones internas y las acciones que las satisfagan verdaderamente. Cuando esto se consigue también aumenta la seguridad a la hora de automotivarse y desarrollamos la potencia de tal habilidad, creciendo en nuestra inteligencia emocional global. Esta comprensión nos impele a trabajar de forma exhaustiva en el autoconocimiento, repasar y profundizar en los ejercicios del nivel anterior, así como en los que se proponen a continuación. ¿Deseas seguir potenciando tu inteligencia para acercarte al horizonte de la genialidad? Estoy dispuesto a ayudarte en tu camino.

Sondear con sinceridad las necesidades

Te propongo que, con respecto a la comida, consultes con una persona verdaderamente experta en el tema sobre tu dieta ideal y después te entrenes en la automotivación diaria de «enamorarte» de todos aquellos alimentos que te sientan bien. Comparte tu enamoramiento, haciéndolo extensible a la vida y las personas que te rodean, en tu casa o por las calles, disfrutando de todo ello como alimento. Mientras te ejercitas en esto, ve tomando notas de los aciertos, las dudas y las dificultades. Déjalo como referencia en tu cuaderno de trabajo. Si continuas con los ejercicios que se van proponiendo en el curso, podrás ir resolviendo las dudas y las dificultades. Para ello tendrás que repasar la lista de vez en cuando e ir pasando poco a poco de la columna de dudas y dificultades a la de aciertos y valores tus progresos.

La necesidad de beber se manifiesta a veces a través de un agotamiento que no relacionamos con ella y puede minar otros aspectos de automotivación que estemos poniendo en marcha. Por ello te propongo un ejercicio sencillo y muy productivo, en diferentes sentidos: cada vez que necesites hacer uso de la automotivación, reforzando los valores de una carencia u objetivo a alcanzar, hazlo manteniendo en tus manos un vaso de agua. Después de haber centrado el objetivo, junto con el deseo de alcanzarlo y convertirlo en una frase del tipo «Estoy alcanzando mi objetivo, lo siento y lo vivo», imagínate aquello que deseas conseguir, como si ya lo estuvieras disfrutando con todos tus sentidos y bébete a la vez el vaso de agua.

La necesidad de respirar es otra de las claves de la existencia que solemos dejar en manos de «nuestro piloto automático». Pero nos conviene aportar de vez en cuando más oxígeno al sistema, respirar más profundamente de lo normal, especialmente cuando vayamos a realizar un esfuerzo extraordinario de tipo físico, mental o emocional. Y éste es el caso del ejercicio que te proponía antes. Mientras formulas tu deseo de alcanzar el objetivo propuesto y lo imaginas a través de tus diferentes sentidos, justo antes de tomarte el vaso de agua, respira profundamente. Hazlo al menos tres veces, reteniendo el aire por unos instantes, antes de beber.

La necesidad de sentir calor, cobijo o abrigo, de sentirnos protegidos, resulta indispensable a la hora de dormir, por ejemplo. En este caso se trata de una necesidad física. Pero también influye emocionalmente, a la hora de automotivarnos en relación con el logro de un objetivo, de la satisfacción de un deseo o para potenciar la autoestima, que nos sintamos protegidos. Por ello, la formulación de un deseo y su correspondiente automotivación, en relación con el ejercicio propuesto, debería hacerse en algún lugar donde nos sintamos seguros y protegidos. De ahí surgió la costumbre o necesidad de formular deseos «especiales» en los templos o lugares sagrados. De esta forma reforzaremos el ejercicio. No hace falta ir a una iglesia, sinagoga, mezquita o cualquier otro lugar sagrado; no hace falta hacerlo físicamente. Pero será bueno que lo hagamos imaginariamente, en el caso de profesar algún tipo de creencia religiosa. Si no es así, podemos hacerlo sintiéndonos en algún lugar de la naturaleza o edificio que represente para nosotros seguridad, poder y magnificencia. Al mismo tiempo, el lugar físico deberá tener también alguna característica especial para nosotros, en nuestra casa o en cualquier otro lugar.

Con respecto a la necesidad de mantener relaciones sexuales, resulta evidente que es un elemento fuertemente motivador. Cada persona tiene su forma de enfocar esta necesidad, en relación con sus creencias, costumbres o posibilidades. En cualquier caso, también podemos utilizar la fuerza de este deseo, sustentado en una necesidad humana, para automotivarnos en relación con cualquier otro objetivo. Para ello, podemos unir al ejercicio anterior sensaciones de gozo vividas en momentos del pasado. Si al tiempo que visualizamos el cumplimiento de nuestros objetivos, mientras respiramos, agregamos tales sensaciones evocadas desde nuestro vientre, el proceso de automotivación aumenta. Esta técnica de motivación se sigue usando en publicidad, asociando estímulos de deseo a un objeto de consumo.

Necesidades de seguridad

Todos los seres humanos tendemos a experimentar la amenaza y la necesidad de generar, consecuentemente, una defensa. Parece que tal orientación nos viene dada desde nuestra estructura genética. Durante milenios, en la época de las cavernas, se fijó este sentido de alerta permanente, para poder sobrevivir en un medio hostil. Desde entonces necesitamos garantizarnos la seguridad, en sus diversos órdenes, con mayor o menor intensidad en unas personas y otras. Podemos verlo, en la actualidad, en ese deseo de tener y mantener un trabajo estable, una seguridad laboral y social, unas leyes que nos proporcionen justicia en todas las circunstancias y dificultades de la vida diaria. Pero lo cierto es que la única seguridad real se encuentra en nuestro. La sensación de seguridad es algo íntimo. Y tal íntima seguridad se articula en función de nuestras ideas, creencias y valores. Nadie puede dárnosla. Aunque, paradójicamente, la mayor parte de las personas la busca fuera; en las instituciones, los grupos, los contratos, los países, los sistemas financieros. Pero todo ello no constituye una seguridad real; periódicamente se sumergen en una o varias crisis, más rápidas o más lentas, pero permanentes. Tales referentes, en realidad, son tan sólo símbolos de seguridad. Sólo nosotros los hacemos importantes, seguros o inseguros. Por sí mismos no son nada.

Por ello son tan relevantes la automotivación y la autoestima. Son los auténticos elementos de garantía final. Para dar un uso más adecuado a nuestro potencial, necesitamos aumentar nuestro sentido de seguridad. En este punto asentamos la nueva etapa de la automotivación. Ésta se determina por un firme propósito de crecimiento; una resolución firme y decidida para alcanzar nuevos retos, para crecer y desarrollar nuestras verdaderas fuentes internas, normalmente inexploradas.

Seguridad física

Veamos ahora la automotivación en relación con la seguridad física. Esta necesidad se origina en nuestro nacimiento. Frente a los demás animales, somos los que nacemos más desprotegidos e incapacitados para la supervivencia. En nuestra primera etapa vital, dependemos absolutamente de las personas que nos cuidan, nuestra madre normalmente. Por eso vamos alimentando la necesidad de sentirnos protegidos físicamente, con nuestros primeros años de vida. Después, en el mejor de los casos, aprendemos a defendernos y sobrevivir. Pero siempre queda algo de aquello en ciertos registros de la memoria. Cada persona tiene su propio patrón de necesidad y seguridad. No obstante, siempre hay alguno, como un eco más o menos lejano, que nos reclama. La automotivación debe ayudarnos a encontrar también respuestas en este sentido. En la medida en que lo conseguimos, nos sentimos mejor. Por otra parte, genera también un círculo de retroalimentación: en la medida en que nos sentimos mejor y más seguros, nos encontramos más automotivados.

Para potenciar la seguridad física desde la automotivación te sugiero que, en primer lugar, te sitúes en ese lugar especial que veíamos antes, retomes tus respiraciones profundas y tu vaso de agua. Acto seguido imagínate, siente tu grandeza, como si fueras el aire. Como si tu corazón fuera el mundo, respira sintiendo el ritmo del aire que te llena y te envuelve por completo, como la atmósfera que rodea el planeta. Todo está dentro de ti. Eres grande y lo llenas todo. La vida en la Tierra, como ecosistema grande y perfecto, palpita dentro de tu cuerpo. Sientes el equilibrio, la armonía y el poder. Ahora siente tus pies en el suelo. Siente los huesos en tu interior. Dobla un brazo y toca el codo con la mano del otro. Palpa después los nudillos de tu puño cerrado. Levántate y muévete despacio, controlando todos los músculos de tu cuerpo. Déjate llevar por ese movimiento lento, junto con la sensación de control. Cuando sientas alegría y seguridad en tu interior, tómate el vaso de agua y anota cualquier impresión que se haya generado.

Seguridad emocional

Seguiremos ahora considerando también la seguridad emocional. Te sugiero que lo hagas como continuación de lo anterior. Después de haber experimentado el movimiento lento y el control muscular, tiéndete en el suelo. Toma las medidas necesarias de comodidad y precaución. Puedes usar ropa de entrenamiento deportivo y poner una manta o colchoneta fina en el suelo. Céntrate entonces en las sensaciones que te produce el contacto con el suelo, en cada parte de tu cuerpo. Muévete lentamente, cambia de posición y adopta todas las posiciones que se te ocurran, manteniendo siempre la sensación de control muscular. Finalmente, relájate. Permanece inmóvil mientras mantienes el ritmo de la respiración, sientes el contacto de la ropa y el aire con tu piel y te imaginas que ese aire que te rodea se mueve sobre ti como si fueran manos que te acarician con mucha suavidad y ternura. Déjate llevar por esas sensaciones e imagina que regresas al vientre materno, donde te regeneras completamente. Siente la protección y la seguridad. Descansa. Cuando experimentes alegría y bienestar, ve incorporándote despacio y anota las vivencias y sensaciones percibidas.

Necesidades de afiliación o pertenencia

Uno de los elementos de motivación más poderosos, ligados históricamente al desarrollo de las personas y sus comportamientos, es la búsqueda de aceptación social, en sus diferentes aspectos: pertenencia, asociación, amistad o vínculos amorosos. La necesidad que tenemos de ser aceptados socialmente es, por lo general, la manifestación externa de una necesidad más profunda. Detrás de esa búsqueda de seguridad externa, de reforzamiento a través de un grupo e incluso de una persona importante en cualquier sentido, se encuentra la necesidad real de aceptarnos a nosotros mismos. Es su modo de probar nuestro propio sistema de valores. Si otras personas nos aceptan, junto con nuestra forma de actuar y pensar, nos da la sensación de que estamos en lo cierto, que nuestro sistema de valores es el correcto; que estamos avalados y justificados en nuestra forma de vida, lo que nos genera una gran sensación de tranquilidad. El único inconveniente aparece al encontrarnos confrontados, cuestionados o enfrentados por otros grupos igualmente grandes, igualmente aceptados, pero con valores y costumbres diferentes. Resulta fácil comprender que esta necesidad y su fórmula de motivación correspondiente puedan convertirse en un problema de sectarismo, a través del fanatismo. En tal caso no habría automotivación ni autoconocimiento ni libertad real pero, paradójicamente, muchas personas mueren o han muerto, entregando su vida como «mártires» convencidos de lo contrario. Tan sólo dejaré la reflexión aquí. En cualquier caso, la inteligencia emocional va por otro lado.

La moralidad se encuentra directamente asociada con la referencia anterior, entendiendo ésta como el conjunto de reglas y valores asociado a un grupo cultural, religioso o ideológico determinado. Este conjunto de reglas se asume de manera implícita o explícita, convirtiéndose en el eje de referencia personal, cuando no se ha desarrollado un proceso crítico y maduro. Suele asumirse a través de la educación en la infancia. Después, en la adolescencia, tiende a sufrir una crisis al cambiar el grupo de referencia. Éste, en la infancia, es la familia. En la adolescencia, suele aparecer un grupo de amigos o conocidos, normalmente de edades similares, con quienes se busca identificación, que genera su propia estructura moral. Esta última coincide en los extremos con lo establecido en el entorno inmediato predominante, por aceptación o por reacción y antítesis, en la llamada «rebeldía adolescente». En ambos casos se consigue motivación, por la defensa a ultranza de un sistema establecido o por la lucha contra él. Pero es una motivación enajenada, es decir, dependiente de un elemento poderoso, llamado «fanos», ajeno a la persona. Mientras se mantiene esta estructura no hay posibilidad de auténtica automotivación. Cuando se tantea esta última, dentro del ámbito de una fuerte motivación moral externa, tiende a generar conflicto y culpa. La forma de evitar el conflicto es asumir de forma crítica, consciente y moderada, la moral ajena del grupo al que se pertenezca. Paradójicamente, cuando esto no se logra, aparece la inmoralidad como sombra que se procura mantener oculta, para evitar conflictos con el grupo de referencia.

Necesidades de reconocimiento

Las necesidades de reconocimiento se vinculan esencialmente con el respeto que nos concedemos. Tal respeto lo aprendemos a través del que nos muestran los demás. Y para que esto ocurra han de darse unas condiciones, por medio de las cuales podemos llegar a ser reconocidos por una determinada comunidad o grupo. Estas condiciones se relacionan con la superación de las pruebas que se nos ponen para alcanzarlo. En el mundo académico, por ejemplo, se obtiene el reconocimiento de los diferentes títulos, de grado medio, superior, máster, doctorado o investigación, cuando se cumple con los requisitos, exámenes y trabajos previstos, según las reglas que la universidad en cuestión establezca. Otros grupos delictivos callejeros, mafiosos o terroristas, exigen pruebas de «valor» en las que la persona candidata suele tener que poner en riesgo su propia vida o realizar acciones que vulneran directamente la legalidad, las propiedades o las libertades ajenas, por lo que podrían ser condenados a la cárcel. Suelen denominarse «pactos de sangre».

La motivación adquirida por medio de tales reconocimientos logrados nos genera una autoimagen de valor asociada al reconocimiento en sí. Esto tiende a identificar persona y rol, es decir, que se tiende a renunciar a los propios deseos, apetencias o criterios, en función del estatus, rango profesional o rango académico adquirido. Así, a partir de un determinado momento, algunas personas dejan de usar su nombre, cambiándolo por el de su título de reconocimiento. En algunos países, es común referirse a una persona como «el/la licenciado/a», «el/la ingeniero/a» o «el/la doctor/a», por ejemplo. Tal proceso, ampliamente aceptado, tiende a generar un conflicto sutil con la autoestima y la automotivación, cuando no se es consciente del proceso. En esos casos, se tiende a vivir en función de lo externo, lo superficial o las apariencias, renunciando inconscientemente a la propia identidad e intimidad profunda. Al ocurrir tal hecho, cualquier amenaza al cargo, rol o fórmula de reconocimiento, pone en crisis a la persona pudiendo sumirla en una depresión. Es típico verlo cuando se produce un despido, una crisis financiera o la jubilación.

Para lograr una verdadera automotivación es imprescindible mantener el equilibrio entre la intimidad, los valores profundos y el rol o aquellos valores que se encuentran en función del reconocimiento ajeno. En el extremo opuesto, es decir, cuando se prescinde completamente de los elementos motivadores o reconocimientos ajenos, puede haber un exceso de individualismo y conflicto en las relaciones sociales.

Han de valorarse y conocerse los deseos personales, los propios sueños, combinados estratégicamente con los sueños sociales o del grupo correspondiente, para encauzar adecuadamente la autoestima y la automotivación. Esta última, por lo tanto, se abre paso eficaz en la senda intermedia de lo externo y lo interno. Por eso mismo, en este punto, es tan importante el trabajo que se hizo en el nivel anterior del curso, en relación con el autoconocimiento. A estas alturas ya deberías estar en condiciones de establecer con claridad los deseos, necesidades, sueños y valores propios, para contraponerlos con las estructuras de rol o expectativas sociales, laborales, familiares, culturales, académicas, políticas y religiosas que tengas o entre las que te hayan educado, y por tanto hayan configurado «tu mundo» hasta este momento. Te invito a escribir ambas cosas, como dos columnas, en tu cuaderno de ejercicios. Date un tiempo para ir completando la lista, si no la tuvieras elaborada ya. Cuando veas ambas columnas, a ser posible equiparadas en número, podrás ir estableciendo con claridad tus elementos de apoyo y automotivación, en relación con el punto que estamos tratando: la necesidad de reconocimiento. ¿Te reconoces lo suficiente? ¿Es más larga la columna de las expectativas de reconocimiento exterior? ¿Se encuentran equilibradas? Si hubiera un desequilibrio, en un sentido u otro, te aconsejo que te tomes el tiempo que necesites para reflexionar sobre este punto y equilibrar tus columnas. Una vez hecho esto, ordena los puntos de cada una de ellas en relación con la importancia jerárquica que les otorgues. De esta forma, estarás contemplando una planificación eficaz para desarrollar estrategias de automotivación.

Las necesidades de autorrealización

Con las necesidades de autorrealización alcanzamos la cumbre de la jerarquía de necesidades que estableció Maslow. Es importante saber, en este momento, que la estructura propuesta no es cerrada ni única. Con ello quiero responder a las críticas que recibió en su momento. Me parecen respetables. No debe verse aquí ningún tipo de planteamiento epistemológico crítico. Se trata, repito, de un mero instrumento operativo. Partí de esta pirámide de necesidades, como podría haber partido de cualquier otra fórmula operativa, para estructurar y analizar de forma pedagógica una serie de pautas de motivación y automotivación, orientadas hacia el trabajo práctico de entrenamiento planteado en el curso. Desde esta misma orientación afrontaremos ahora las necesidades de autorrealización o «metanecesidades».

Éstas ya no son aplicables a todos los seres humanos. Por desgracia, sigue habiendo en el mundo demasiadas personas con carencias graves en las necesidades primarias y secundarias, que no se encuentran aún en situación de planteársela auténticamente. En estas «metanecesidades» podemos descubrir la búsqueda constante de autodesarrollo para el logro exclusivo de una realización personal progresiva, es decir, para fructificar en lo mejor de nosotros mismos. Para entender desde otra perspectiva lo que acabo de exponer, podemos plantear el desarrollo de un árbol frutal, como representación del proceso. Todos sabemos, por poca experiencia que tengamos en cuestión de cultivos, que un árbol necesita tiempo y condiciones ambientales favorables para poder dar frutos. Si compráramos el brote tierno de un peral, un naranjo o un melocotonero, por ejemplo, de unos diez centímetros de altura, y nos lo lleváramos a casa en una maceta, veríamos que es muy importante cuidarlo y protegerlo hasta que madure lo suficiente. En los cultivos artificiales, hay una serie de precauciones y técnicas que se aplican para lograr el máximo desarrollo en el menor tiempo posible. Hay lugares, con climas demasiado áridos por exceso de calor o de frío, en que se logran varias cosechas de frutales en un año, cuando naturalmente no se hubiera logrado ninguna. Asimismo, hay personas que estudian y se entrenan para lograr estas pautas de autorrealización, por encontrarse en un medio privilegiado, y consiguen muy buenos resultados, mientras otras mueren o tienen tan graves problemas de supervivencia, sin lograr fructificar en lo mejor de sí mismas.

Ahora bien, de la misma forma que se puede trasplantar un brote tierno de un árbol frutal a un invernadero, consiguiendo que sobreviva y fructifique de forma abundante, también se puede ayudar a que personas que se encuentran en un medio con escasos recursos para cubrir sus necesidades primarias y secundarias mejoren sus condiciones y desarrollen sus factores de autorrealización, despertando a estas necesidades que antes no existían para ellas. Como contraposición, hay personas que nunca tuvieron que esforzarse por nada, por tener un medio excesivamente favorable, y tampoco desarrollaron sus necesidades de autorrealización. En este sentido podríamos compararlas con un perro de raza pura, con pedigrí, que no llega a desarrollar las características propias de su especie porque se encuentra en una casa pequeña, donde jamás pudiera ejercitarse físicamente ni sus dueños tuvieran tiempo ni ganas de llevarlo al campo y hacerlo correr, «mimándolo» tanto con una alimentación excesiva y desequilibrada que lo hicieran engordar en exceso, perdiendo así las condiciones y cualidades originarias, incluso genéticas, que podrían haberlo convertido en un campeón de la carrera, la caza o la belleza canina.

Las flores y los frutos de la automotivación

Las personas con más éxito, en sentido amplio, con mayor sensación de satisfacción y bienestar, son aquellas que se las han arreglado, que consiguieron trazar con éxito, de forma consciente o no, sus procedimientos, procesos o planes de automotivación para satisfacer sus necesidades primarias y secundarias, hasta alcanzar los factores de autorrealización personal, dejando todo lo que carecía de importancia en su camino, para el verdadero logro de la satisfacción plena o felicidad.

Las necesidades de autorrealización son más difíciles de describir porque son distintas, únicas. En ellas se pueden dar grandes diferencias de unas personas a otras. Para Maslow, la autorrealización es un ideal al que todo ser humano desearía llegar, si se encontrara en las condiciones a las que antes me refería. Estas necesidades se satisfacen por medio de oportunidades para desarrollar los talentos y sus potenciales máximos, a través de la libre y madura expresión de ideas y conocimientos, crecer y desarrollarse en todas las habilidades de su inteligencia emocional, de forma equilibrada y compensada con respecto al resto de sus inteligencias múltiples. Esto lo llevaría a destacar como una «gran persona», obteniendo logros inimaginables para otros, sin dejarse por ello arrastrar por la vanidad ni otros elementos desequilibradores, como puede ocurrir cuando se produce un enriquecimiento material demasiado rápido, que ha llevado a jóvenes artistas, por ejemplo, a la autodestrucción a través de las drogas. Las personas que logran la autorrealización óptima, según los estudios que llevó a cabo Maslow, se consideran y son considerados en su entorno como seres íntegros.

En este proceso, la automotivación florece desde el interior de la persona. No necesita ya de pautas externas, técnicas, para su desarrollo. Hay referencias a personas así en todas las sociedades, épocas y culturas, desde la antigüedad. Se puede establecer una conexión directa con los procesos iniciáticos de desarrollo de la conciencia y la autoconciencia, que vimos en el nivel anterior. Referencias a tales factores de automotivación «iluminada» encontramos en muchos escritos místicos, llenos de metáforas y alegorías que permiten describir esos procesos, más allá de los lenguajes meramente conceptuales. Por otra parte, al margen de los místicos y sabios que se plantearon describir el proceso, también se encuentran muchos otros genios de las artes, las ciencias o las relaciones humanas, cuyas obras siguen generando admiración, desde hace siglos o milenios.

Tales seres han destacado y destacan desde un sentido ético y de vivencia de valores que, siendo considerados como revolucionarios en su tiempo, con respecto a ciertas normas o costumbres de tipo moral, religioso, político, científico o artístico, consiguieron abrir cauces de mejora y bienestar para la humanidad en general o para ciertas comunidades en particular. Su característica básica, por tanto, sería la creatividad natural que desarrollan en cualquier cosa, condición, habilidad, arte o técnica en que se involucran o involucraron. En resumen, podríamos decir que «eso» que se conoce como creatividad, sería su fructificación natural humana. Esa misma fructificación considerada muchas veces como «divina».

Podríamos establecer algunas pautas, condiciones o características, tipo test, como fórmula de medida de la automotivación. Pero al hacerlo podríamos caer en los problemas que vimos en el primer nivel, en relación con los llamados «test de inteligencia», cuyas paradojas suscitaron, precisamente, el estudio de la inteligencia emocional. Por ello, en lugar de cuantificaciones concretas, propondré una serie de pautas y características sencillas, que nos permitan saber en qué grado de automotivación nos encontramos, dentro de unos márgenes de tolerancia dinámicos y abiertos.

Así dicho, parece difícil y complejo. Pero en realidad es tan natural y sencillo que todos conocemos el procedimiento, aunque tal vez no lo hayamos aprovechado suficientemente. La vida nos muestra el punto de automotivación en que nos encontramos a través de una serie de sensaciones concretas, claras y observables. En ellas podrían encontrarse variaciones de intensidad, según las personas.

Sin embargo, todos los seres humanos experimentamos «sonrisas de satisfacción» cuando algo nos motiva. La automotivación genera emociones de alegría, entusiasmo y optimismo, que se manifiestan en la expresión del rostro y en el pecho. Te recomiendo que observes tales sensaciones internas; su grado de intensidad te dará una referencia fiable sobre la medida de tu automotivación, en cada instante de la vida. Por otra parte, cuando sonreímos y abrimos nuestro pecho, en el secreto de nuestra intimidad, a la ternura, también potenciamos nuestra automotivación.

Considera ahora, teniendo en cuenta las señales descritas, los puntos que vienen a continuación. Ya te los propuse con anterioridad, desde otra perspectiva complementaria. Es el momento de dar un paso más.

1. *Cómo ha sido tu pasado.* Lo recuerdas desde la sonrisa o desde la congoja. Si es este último el caso, busca en él recuerdos que te permitan sonreír con ternura.
2. *Cuál es tu tendencia a realizar actividades que sean de tu agrado.* Auméntala, aunque sólo sea en la intimidad de tu imaginación, hasta que aumente la cantidad de minutos y horas diarias en que afloran tus sonrisas.
3. *Considera tu aspecto personal y tu nivel cultural,* para incorporar pequeñas mejoras cada día.
4. *Piensa en la forma en que te presentas ante los demás.* ¿Tiendes a sonreír con serenidad? Hazlo.

Autocontrol o autorregulación emocional

El autocontrol emocional suele tener una connotación represiva o coercitiva, que se aleja de la orientación inteligente, quedándose en aspectos primarios de la educación que recibimos. Por otra parte, la autorregulación emocional es un proceso que habitualmente consideramos integrado en el conjunto de competencias que desarrollamos a medida que crecemos y participamos en situaciones educativas y de interacción social. Su relación con otros muchos aspectos del desarrollo, en particular con la personalidad, la ha convertido en objeto de interés por parte de investigadores y profesionales relacionados con el ámbito de la educación, que la vienen considerando «como un elemento relacionado con las competencias personales y sociales» (De la Fuente, 2000; Iriarte, Alonso-Gancedo y Sobrino, 2006), así como con el éxito en el aprendizaje. Su incidencia sobre este último se viene interpretando fundamentalmente a través de procesos asociados al aprendizaje estratégico, autorregulado o experto (De la Fuente, Justicia y Berbén, 2005; Zimmerman, 2002).

Estudios como los citados, entre otros, están mostrando la importancia de considerar los procesos de autorregulación emocional a la hora de evaluar, explicar e intervenir en los procesos educativos o formativos para modificar comportamientos en las más variadas situaciones de la vida. Desde una perspectiva psicológica, la autorregulación comienza a aplicarse, en sus inicios, para restaurar una condición perdida, como puede ser pérdida del buen humor o pérdida de peso involuntario; también serviría para corregir dificultades a la hora de estudiar, relacionadas por ejemplo como la pérdida de la atención. Igualmente permite corregir el descenso en la productividad laboral o en el poder adquisitivo. Por otra parte, puede activarse para evitar un resultado indeseable, como la pérdida de un trabajo, la caída en la nota media del expediente académico, un embarazo no deseado y muchas otras circunstancias nefastas, como se puede ver en Schmeichel y Baumeister, 2004.

En ocasiones, también se aplican procesos de autorregulación emocional cuando queremos incidir sobre la probabilidad de que ocurran determinados resultados (Miller y Brown, 1991). Para explicar qué hacemos exactamente cuando queremos modificar nuestro comportamiento en una determinada dirección para incrementar las probabilidad de que ocurra lo que deseamos, o evitar consecuencias desagradables, se han propuesto modelos teóricos diversos, cuyas características se modifican en mayor o menor grado en función del objeto que activa los procesos autorregulatorios: estos modelos sugieren que no es lo mismo evocar conductas correctoras dirigidas a evitar, reducir o modificar algunas de las conductas vinculadas al consumo de sustancias adictivas, que regular nuestra conducta en situaciones de aprendizaje.

Así, Kanfer (1975) propuso un modelo de la autorregulación que la define como un procedimiento autocorrector ante ciertas discrepancias, índices de peligro inminente o estados motivacionales conflictivos, que activan el sistema de observación (Kanfer, 1986). En este sentido, define tres etapas en el proceso de autorregulación emocional, como un primer paso de atención en el que se observa el comportamiento que queremos modificar llegando, en algunos casos, incluso a registrarlo; un segundo momento en que establecemos criterios que nos sirven para definir los objetivos que queremos conseguir a modo de proceso de autoevaluación, así como criterios de comparación para saber si la línea en la que se ha modificado el comportamiento es o no adecuada. El tercer momento del proceso de autorregulación se denomina como autorrefuerzo y consiste en que la persona se administre a sí misma estímulos simbólicos que refuercen las conductas evocadas en el proceso de regulación para modificar el comportamiento en la línea que se había planificado: consecuencias positivas en caso de haber igualado o superado los criterios inicialmente establecidos, o bien criterio, o bien negativas en caso de no haber podido alcanzar las metas inicialmente establecidas.

Este modelo general fue modificado por Miller y Brown (1991) para explicar los procesos de cambio en el caso del consumo adictivo de sustancias. A diferencia del modelo de Kanfer, Brown y Miller (1991) entienden que el proceso de autorregulación es una capacidad dirigida a «planificar, supervisar, y dirigir [el] comportamiento en circunstancias cambiantes» (pág. 62). Este modelo asume que la autorregulación se desarrolla siguiendo una secuencia de siete procesos consecutivos: (1) introducción de información, (2) autoevaluación, (3) propensión al cambio, (4) búsqueda, (5) planificación del cambio, (6) implementación, y (7) evaluación. Las dificultades a la hora de controlar nuestra adicción podrían venir de disfunciones a la hora de desarrollar cualquiera de esos siete procesos de autorregulación, aunque entre ellos encontramos diferencias en cuanto a su finalidad: mientras que en los tres primeros destaca su valor motivador para modificar la conducta, los siguientes en la secuencia están vinculados a la provocación, identificación, y resolución de discrepancias entre el comportamiento real que se va produciendo y sus resultados, y los objetivos inicialmente propuestos.

La *introducción de información* (1) es el primer proceso, y en éste la persona recibe información de diferentes fuentes de que algo anda mal, de la existencia de un comportamiento disfuncional. Esta información nos permite tener conocimiento de las características específicas del problema así como del impacto que éste puede tener sobre otros aspectos. Una vez que tenemos la información el siguiente paso es realizar una valoración de ésta.

En el proceso de *autoevaluación* (2) la persona analiza la información comparando el problema (posible) detectado en la fase anterior con un criterio interno o establecido por la propia persona que en ocasiones se hace tomando como referencia criterios o normas de tipo social (o externas a la persona), y en otros momentos se basa en la propia expectativa ideal que la persona ha desarrollado a lo largo de su vida a través de procesos de aprendizaje y socialización. Lo habitual es que como consecuencia de este proceso de comparación se active un sentimiento positivo o negativo, evoquemos determinadas conductas y pensamientos según consideremos que nuestro comportamiento coincide con el de la mayoría o bien se aleja de la norma. Son precisamente estas reacciones las que pueden conducir a la tercera etapa.

La *propensión al cambio (3)*. Dado que estas reacciones emocionales, conductuales y cognitivas están surgiendo como consecuencia de un proceso evaluativo, cabe esperar que cuando el resultado de dicho proceso muestre una discrepancia entre el comportamiento que la persona observa en sí misma y el idealmente definido, o bien observado en una mayoría social reconocida, la persona realice algún tipo de acción para reducir dichas diferencias (ver Brown, 1998).

Las tareas para reducir dichas discrepancias se inician con el cuarto proceso de *búsqueda* (4) de soluciones o metas a conseguir.

A continuación se *planifican* (5) aspectos fundamentales para conseguir dichas metas como el tiempo, las actividades a desarrollar, los lugares y demás aspectos que pudieran incidir en su eficacia.

Una vez realizado todo el proceso de planificación, se pondrán en marcha acciones oportunas dirigidas a conseguir las metas propuestas y modificar el comportamiento en la línea deseada en un proceso denominado de *implementación* (6).

Finalizadas las acciones destinadas a la modificación de las conductas consideradas problemáticas, el proceso será valorado para determinar si la planificación que habíamos realizado habría sido la adecuada y si los resultados obtenidos (las metas alcanzadas) responden a lo que nosotros esperábamos. Es lo que se denomina como *evaluación exhaustiva* (7).

La existencia de dificultades a la hora de autorregular el comportamiento tiene consecuencias importantes sobre el aprendizaje, pero en este caso debemos destacar sus importantes relaciones con otros aspectos también relevantes para la educación en muy diversos contextos y niveles. Mencionaremos diversas consideraciones en los ámbitos de los comportamientos adictivos, la presencia de la autorregulación con relación al amplio abanico de dimensiones que se integran bajo el paraguas más amplio de la inteligencia emocional, y finalmente un campo de la regulación en el ámbito de algunas dimensiones comprendidas en el desarrollo espiritual.

Conductas impropias

Se han observado dificultades con respecto a la autorregulación en personas que han manifestado conductas criminales (Hirschi, 2004), así como trastornos adictivos vinculados al juego (Brown y Newby-Clark, 2005) y consumo de drogas (Madden, Petry, Badger y Bickel, 1997), aunque quizás los estudios más extensos y frecuentes se centran en su relación con el consumo de alcohol (véanse Chassin y DeLucia, 1996; Brown, Miller, y Lawendowski, 1999; López-Torrecillas, Godoy, Pérez, Godoy y Sánchez-Barrera, 2000; Carey, Neal y Collins, 2004).

Tanto en el caso del consumo de drogas como de alcohol, se han realizado estudios empíricos (véase por ejemplo Brown, Miller y Lawendowski, 1999) que muestran su asociación con disfunciones en la ejecución de los procesos arriba citados, y también lo contrario, que por ejemplo, personas con altas puntuaciones en autocontrol beben con menos frecuencia y se definen a sí mismos como abstemios (López-Torrecillas, Godoy, Pérez, Godoy y Sánchez-Barrera, 2000), o incluso que consumen preferentemente bebidas de baja graduación en lugar de de alta graduación como hacen consumidores con baja autorregulación (Carey y otros, 1990). Algunos investigadores mencionan una baja autorregulación como factor de riesgo para el abuso de alcohol (Chassin y DeLucia, 1996; Carey y otros, 2004). Patock-Peckham, Cheong, Balhorn y Nagoshi (2001) van aún más lejos al señalar que las habilidades de autorregulación no solamente inciden en el consumo de sustancias, alcohol particularmente, sino también en las consecuencias negativas, los comportamientos indeseables y los problemas derivados de un consumo abusivo, aunque Carey y otros (2004) matizan esta afirmación sugiriendo que la relación será válida únicamente cuando concurran factores de riesgo.

Autocontrol e inteligencia emocional

Considera Saarni (1997) que esta habilidad de autocontrol implica comprender que una conducta expresiva-emocional puede impactar sobre otros y tomar esto en cuenta en las estrategias de autopresentación de una persona. Tenemos, por otra parte, la regulación de emociones desagradables, negativas o estresantes (Saarni, 1997). En este caso, el objetivo será reducir la intensidad o la duración de dichos estados emocionales.

Estas habilidades de autocontrol y autorregulación, enmarcadas en un modelo general que comprende muchas otras, influyen en aspectos como la empatía, el control de impulsos, la resolución de problemas, el control de la ira, el reconocimiento de similitudes y diferencias entre personas, los procesos de comunicación y relación interpersonales, los pensamientos funcionales/disfuncionales, o procesos de *coping* o afrontamiento de situaciones estresantes.

Este modelo al igual que el de Bar-On (2005), que define la inteligencia emocional-social como un cruce de competencias sociales y emocionales interrelacionadas, habilidades y facilitadores que determinan el modo en el que nos expresamos y comprendemos a nosotros mismos, comprendemos a otros y nos relacionamos con ellos, y afrontamos las demandas de la vida diaria, considera la autorregulación como una conducta inteligente, añadiendo incluso una función explícita de automotivación. Así, la regulación está presente para manejar y controlar emociones de un modo constructivo y efectivo. Por su mediación podemos hacer frente al estrés y a los impulsos incontrolados. También ocupan una importante función en el control de los cambios, a través de la validación objetiva de los sentimientos y el pensamiento, contrastándolos con la realidad. Finalmente, será de vital importancia para resolver problemas personales e interpersonales de una manera efectiva, vinculándose en este caso con la automotivación. Esta última, como ya vimos, nos permite potenciar el optimismo y la felicidad, al centrarnos en observar desde la parte positiva de la vida, sintiéndonos más contentos con nosotros mismos, con los demás y con la vida en general.

Por otra parte, la espiritualidad y la religiosidad han sido tomadas en consideración como recursos a los que acuden las personas para afrontar el dolor y el sufrimiento ante la enfermedad, así como dudas existenciales. Sin embargo, en los últimos años hemos asistido al reconocimiento académico del desarrollo espiritual como dimensión evolutiva específica. Éste ha estado ligado, entre otras cosas, a la clarificación de las diferencias entre religión y espiritualidad y así como del concepto de «desarrollo espiritual» y la especificación de sus contenidos. A este respecto cabe mencionar que aunque se ha señalado lo sagrado como elemento común entre la religiosidad y la espiritualidad (Pargament, 1997), otros enfoques han destacado las diferencias, por ejemplo señalando que mientras la religión se compone de doctrinas, creencias y ritos, la espiritualidad está referida a la búsqueda, logro y mantenimiento de un estado de conexión con lo considerado divino o inmaterial (Hill y Pargament, 2003; Miller y Thoresen, 2003). Así, separada de la religión, la espiritualidad llegó a definirse en ausencia de referencias a lo sagrado o a la trascendencia, únicamente desde cualidades humanas (Beck, 1992), aunque ninguna definición actual e integradora excluirá elementos religiosos de sus contenidos.

En cualquier caso, afirmada la independencia entre el desarrollo espiritual y el hecho de ser o no religioso, la dimensión del desarrollo espiritual se descubre como una entre otras inherentes a la evolución humana desde el nacimiento hasta la muerte (American Counselling Association, 1995), identificándose en el desarrollo espiritual, o la espiritualidad, los siguientes aspectos (Snyder y López, 2006; Paloutzian y Park, 2005; Roehlkenpartain y otros, 2006): la conciencia de las interrelaciones entre las personas y otras formas de vida, la experiencia de misterio y sobrecogimiento, respeto o admiración inspirado por la naturaleza, el logro humano, o lo misterioso, el sentido y el propósito en la vida, el humor, la esperanza, el optimismo, la conciencia y aceptación del presente y el futuro, y la trascendencia de uno mismo a través de posiciones de generosidad y gratitud, la honestidad, la compasión, el perdón, o experiencias/creencias, y rituales, que pueden incluir el sentido de un poder superior (también religioso), y finalmente, la introspección y la comprensión de uno mismo.

La presencia y la importancia de las habilidades de autorregulación están directamente relacionadas con las habilidades que se requieren para evocar las conductas que se espera manifiesten personas con un buen desarrollo de las dimensiones anteriores. Algunas estuvieron presentes en las propuestas de inteligencia emocional que ya vimos: una persona con un buen desarrollo espiritual se espera que sea optimista, que sepa afrontar con efectividad las dificultades que salgan a su encuentro y aprender de ellas buscando los recursos necesarios para superarlas. Ha de comprometerse con aquello que haga, mostrando coraje y persistencia, así como tener valores, principios o creencias, religiosas o no, que informen su visión de la vida y su conducta. Manifestará conocimiento, preocupación y cuidado respecto a sí mismo y los demás, y será capaz de perdonar, sentir compasión y amar, así como de regular y controlar sus emociones. Tendrá una visión realista y una valoración equilibrada de sí misma, así como sentido de unidad con el mundo y con los demás. Tendrá esperanza, significado y propósito en la vida y será creativa en su modo de pensar, así como de concebir y superar las dificultades de la vida diaria (Snyder y López, 2002; Ofsted, 2004; Roehlkepartain y otros, 2006).

Qué es el estrés

Se habla mucho del estrés en nuestros días. Pero ¿sabemos exactamente en qué consiste y por qué aparece? Esbozaré a continuación la respuesta a tal pregunta, con la esperanza de aclarar ciertas ideas y ayudar a que se conviertan en sugerencias útiles para nuestra vida diaria.

Ante los estados de amenaza o tensión, todas las personas respondemos con unas alteraciones psicofisiológicas que nos capacitan para la acción. Es una respuesta normal que aumenta el proceso de la respiración y paraliza los parasimpáticos, entre otras cosas. Así comienza el estrés, como reacción adaptativa para un requerimiento concreto. Por su mediación nos hacemos más eficaces en la acción. Si nos faltara, nos volveríamos inapetentes, inactivos; estaríamos siempre medio dormidos. El problema surge cuando estos estados tensionales se convierten en crónicos, es decir, que una vez puesto en marcha el motor de nuestra actividad eficaz no sabemos detenerlo. A partir de ese momento, quemamos demasiado combustible, demasiadas energías, desgastamos excesivamente las diferentes partes de nuestro cuerpo y además se producen frustraciones continuas. No se puede decir por ello que el estrés sea una enfermedad. Se trata más bien de un fenómeno de reacción de nuestro organismo ante determinadas situaciones de tensión que lo afectan.

Cuando los estados de tensión se convierten en crónicos, no podemos recuperar nuestra actividad psicofisiológica normal. Esto influye en la reducción o eliminación de las etapas de reposo, tan importantes para la supervivencia. Éste es el cuadro ante el que solemos utilizar el término estrés, al que le siguen una serie de patologías típicas. Las consecuencias de estas últimas pueden ser muy serias, incidiendo inmediatamente en el empeoramiento de nuestras relaciones laborales, familiares o sociales en general. También repercute seriamente en la salud aumentando, entre otras cosas, el riesgo de infarto.

No todos llegamos a esta situación, y los que lo hacen pueden seguir procesos diferentes. Influye mucho el carácter de las personas; unas tienen gran tolerancia ante cualquier tipo de tensión y otras se descompensan fácilmente al encontrarse en circunstancias conflictivas. También es determinante la edad, el tipo de alimentación y la actividad profesional que se ejerza.

Las patologías típicas o enfermedades que se derivan de esta situación son: insomnio, cefaleas, estados de agitación o nerviosismo continuo, hipertensión, úlceras, padecimientos cardiovasculares, problemas actitudinales (como puede ser el deterioro de las relaciones laborales, familiares y sociales en general), obsesiones y debilitamiento de la respuesta inmunitaria, que nos hace más vulnerables a cualquier otro tipo de enfermedad por contagio.

El medio más eficaz de prevenir los desórdenes anteriormente descritos consiste en el incremento de nuestra calidad de vida, lo cual puede lograrse por medio de una preparación adecuada que posibilite la detección de los focos de tensión y su control, es decir, conseguir enfrentarse a los problemas diarios con un talante diferente, con mayor tranquilidad y seguridad. Conociendo la forma de acceder voluntariamente a ellos conseguiremos una mejor solución de nuestros problemas.

Existen técnicas para lograrlo. Y lo más aconsejable es comenzar a practicarlas de la mano de una persona especialista en la materia. No obstante, la finalidad de éstas será evitar toda dependencia. Cada persona debe ser capaz, por sí misma, de superar sus propias tensiones, salir de los «círculos viciosos» de pensamiento, de las pequeñas o grandes obsesiones, que surgen en las situaciones de conflicto, sentirse fuerte y equilibrada para afrontar el dinamismo de la vida y aportar soluciones creativas que encajen en su medio particular, sin provocar más conflictos. De esta forma nos realizamos como seres humanos sin caer en las frustraciones habituales, desmotivación, depresiones, etc.

La empatía

Resulta fundamental cuidar más las relaciones sociales como clave de sentido, fuente de afectos y actividades diversas, para lo cual es imprescindible desarrollar la empatía. Pero ¿qué se entiende por tal concepto? La empatía consiste en una proyección afectiva, un volcar la propia emotividad y sensibilidad interior sobre algún objeto o situación del ambiente cercano que, cuando se trata de una persona o colectividad, permite una identificación en la que se transfieren sensaciones e impresiones no racionales, dando lugar a una comunicación sin palabras. La empatía es de vital importancia para la comunicación. Muchas personas confunden empatía con simpatía, pero la empatía es mucho más amplia que la simpatía. Es la capacidad para comprender los sentimientos, razonamientos y motivaciones de los demás. Es una facultad que implica el entendimiento, la comprensión y la comunión afectiva con las personas. Una habilidad que nos ayuda a comprender que los demás pueden tener o tienen puntos de vista diferentes a los nuestros, sin por ello inquietarnos: una capacidad para leer emocionalmente a los demás.

Lo opuesto de la empatía, en términos de comunicación, es la invalidación. Esto es lo que sucede cuando expresamos un sentimiento y la persona a quien nos dirigimos lo contradice o rechaza. Cuando, además, nos encontramos mal de algún modo, el rechazo es muy doloroso. Y el pesar por el rechazo puede ser aún más profundo cuando la otra persona no tolera nuestro dolor. Puede llegar a creer, incluso, que nos está ofreciendo su apoyo, pero fracasa porque no existe empatía. Por ello, la empatía, es uno de los elementos clave de la inteligencia emocional en el dominio interpersonal. Es el rasgo característico de las relaciones interpersonales exitosas.

Es una habilidad que, empleada con acierto, facilita el desenvolvimiento y progreso de todo tipo de relación entre dos o más personas. Del mismo modo que la autoconciencia emocional es un elemento importantísimo en la potenciación de las habilidades intrapersonales de la inteligencia emocional, la empatía viene a ser algo así como nuestra *conciencia social,* pues a través de ella podemos apreciar los sentimientos y necesidades de los demás, dando pie a la calidez emocional, el compromiso, el afecto y la sensibilidad.

Es difícil no comportarse emocionalmente cuando es mucho lo que está en juego. En tales circunstancias nos inundan emociones intensas. Y en tales casos, en muchos de ellos, las emociones son nuestras mejores guías; forman parte de nuestros procesos de comunicación cotidianos, en relación con nosotros mismos y con los demás. Nos dirigen para que hagamos y digamos exactamente lo correcto, en una situación determinada. Pero no siempre es así. Este camino hacia la inteligencia intuitiva de nuestras emociones y su coherencia eficaz se encuentra obstaculizado. Por ello es muy importante aprender a reconocer las diferentes emociones. Éste es el primer paso para lograr el ajuste o corrección, optimizando nuestros recursos. En ocasiones desearíamos no haber hecho o dicho lo que una determinada emoción nos obligó a hacer o decir. Por otra parte, si fuésemos capaces de apagar o eliminar las emociones, aunque sólo fuera temporalmente, las cosas podrían empeorar; las personas que nos rodean pensarían que somos indiferentes o incluso *inhumanos.* Experimentar emociones, preocuparnos de lo que sucede mientras nos comportamos de forma tal que ni nosotros ni los demás notan nuestra emotividad en la expresión es muy difícil. Como contraste, hay personas que padecen exactamente el problema inverso: no se emocionan, no se preocupan, pero expresan lo que sienten de la forma que los demás esperan. Se tiende a pensar en esos casos que se trata de un *hipercontrol.*

Cuando respondemos emocionalmente perdemos la capacidad de elegir nuestro aspecto, el tono de nuestra voz o lo que nos vemos impulsados a hacer o decir, en contraste con otras circunstancias en las que sí tenemos las riendas. No obstante, aunque las emociones siempre se manifestarán de forma espontánea, podemos aprender a moderar nuestro comportamiento emocional a través de la comunicación no verbal convertida en desarrollo de habilidades. Especialmente nos interesa hacerlo para aquellos casos en los que luego podemos arrepentirnos. También podemos aprender a no quedar sometidos a la esclavitud del hipercontrol. Lo adecuado sería que pudiésemos aprender a escoger lo que sentimos y la forma de expresar nuestras emociones para poder manifestarlas constructivamente. En ese momento es cuando conseguimos ajustar nuestra inteligencia vital y emocional de forma coherente.

Con ese propósito iremos avanzando con ejercicios y prácticas de apoyo. Estos ejercicios deberán repetirse con una cierta constancia y regularidad, para lograr resultados evidentes. Como sugerencia mínima, debería repetirse cada uno de ellos todos los días durante una semana. Es decir, que se dedicará una semana en exclusiva a cada ejercicio, contando con prácticas diarias. Unos resultarán más sencillos que otros, en función del desarrollo actual de cada persona. Si se encontraran muchas dificultades con alguno, se debe repetir la práctica diaria durante una semana más.

Cada una de las siete emociones fundamentales posee una expresión facial diferente y universal.[6] Estas emociones son: la tristeza, la ira, la sorpresa, el miedo, la repugnancia, el desprecio y la felicidad. Cada una de ellas, a su vez, puede matizarse con expresiones que representan toda una familia gestual e intencional, teniendo en cuenta su intensidad y el modo, por ejemplo, aunque no ha quedado probado aún el sentido universal de los gestos, en estos matices. En ellos tiende a influir el aprendizaje cultural y social.

Además de las expresiones en el rostro, también se dan una serie de condiciones y procesos corporales asociados a cada una de tales emociones. Respecto de la tristeza, pero no en la angustia, se da una pérdida general de tono muscular; la postura se hunde, retrayéndose, perdiendo interés por la actuación. En el menosprecio aparece el impulso de mirar desde arriba hacia abajo; «por encima del hombro»,

---

6. Tal hecho quedó probado en las investigaciones llevadas a cabo por Paul Ekman, al que anteriormente cité, en lugares tan diversos como Papúa Nueva Guinea, Estados Unidos de Norteamérica, Japón, Brasil, Argentina, Indonesia y la antigua Unión Soviética. Y fueron contrastadas posteriormente por otros investigadores, en lugares diferentes y con una amplia gama de orientaciones culturales y vitales, llegando siempre a los mismos resultados de identificación de emociones y gestos.

como se suele decir. En la sorpresa y el asombro se produce una atención fija sobre aquello que nos llama la atención. En el alivio hay una relajación de la postura corporal. En el placer sensorial táctil se da un movimiento de acercamiento a la fuente de estimulación. En el resto de las sensaciones placenteras se produce también ese impulso de acercamiento, aunque puede quedarse en una simple mirada. Cuando se logra un objetivo difícil tiende a producirse un movimiento hacia la acción, generalmente en las manos. La risa que surge como consecuencia de una gran alegría produce movimientos corporales repetitivos, acompañando a los espasmos o carcajadas. Todos estos procesos nos ayudan a reconocer emociones. Son involuntarios y universales, al igual que las señales faciales y las tonalidades de la voz.

Sería bueno que prestáramos una mayor atención a la observación de tales procesos, en nosotros mismos y en los demás. Aprenderemos, de esta forma, a mejorar nuestra capacidad para identificar y distinguir unas emociones de otras, así como los matices y diferencias de modo e intensidad. En este sentido, puede sernos de mucha utilidad llevar una especie de diario en el que, al final del día, escribamos nuestras impresiones, observaciones y vivencias más destacadas de la jornada.

Conciencia de los sentimientos propios y ajenos

Si por un lado, un déficit en nuestra capacidad de autoconciencia emocional nos lleva a ser vistos como *analfabetos,* una insuficiencia en nuestra habilidad empática es el resultado de una *sordera emocional,* pues a partir de ello, no tardan en evidenciarse los problemas en nuestra capacidad para interpretar adecuadamente las necesidades de los demás, las que subyacen a los sentimientos expresados por las personas.

Por ello la empatía es algo así como nuestro *radar* o *sónar social,* lo que nos permite navegar con acierto en el mar de nuestras relaciones. Si no le prestamos atención, con seguridad equivocaremos el rumbo y difícilmente llegaremos a buen puerto.

A través de los cristales ajenos

Solemos creer que comprendemos a los demás tan sólo por aquello que observamos superficialmente. Pero al confrontar su posición con la nuestra surgen fuertes contrastes. La realidad es que no llegamos a ver más allá de nuestra propia perspectiva, de lo que nos parece «evidente».

Las relaciones se basan no sólo en contenidos verbales. Existen muchísimos otros mecanismos, repletos de significado, que siempre están ahí y de los que no siempre sabemos sacar partido. La postura, el tono o intensidad de voz, la mirada, un gesto e incluso el silencio mismo. Todos ellos son portadores de una gran cantidad de información. Y siempre está ahí, para ser decodificada e interpretarla apropiadamente. Aunque no seamos capaces de leer las mentes, sí podemos aprender a leer muchas señales sutiles.

Una persona empática es hábil en la «lectura» de situaciones. Alguien capaz de hacerlo en tiempo real, ajustándose a ellas según éstas lo requieran. Saca provecho de la retroalimentación. Sabe que ignorar las distintas señales que recibe puede ser perjudicial para sus relaciones. Cuenta para ello con una buena capacidad de escucha. Es diestra en leer los rastros no verbales. De esta forma llega a saber cuándo hablar y cuándo no, lo que le facilita el camino para influir y regular de manera constructiva las emociones de los demás, obteniendo así grandes beneficios en sus relaciones interpersonales. Esto la capacita para negociar bien, orientándose hacia un escenario en que todas las partes ganen.

Las personas menos diestras en esta habilidad tienen dificultades para interpretar correctamente las emociones de los demás; no saben escuchar. Suelen dar muestras de torpeza social, mostrándose como egocéntricas, frías e insensibles. Y la insensibilidad ante las emociones de los otros socava las relaciones interpersonales. Quienes manifiestan incapacidad empática terminan dañando la intimidad emocional de sus interlocutores, al no validar los sentimientos y emociones de los demás, que terminan por sentirse molestos, heridos o ignorados. Cualquier tipo de relación amistosa, de pareja, familiar o laboral, puede verse afectada por esta capacidad. Las investigaciones muestran que es una habilidad esencial en muchos trabajos. Especialmente en los que se basan en el trato con el público: las ventas, las relaciones públicas, los recursos humanos o la administración, por ejemplo. Sus aplicaciones pueden ser muy diversas: en la formación de líderes, en estudios de identificación de necesidades de organizaciones y mercados, en consultoría, en psicoterapia y en medicina, entre otros. En todos estos casos se trata de una habilidad esencial para alcanzar la excelencia.

En zapatos ajenos

Proceder con empatía no significa estar de acuerdo con los demás. No implica dejar de lado las propias convicciones y asumir como propias la de los otros. Es más, se puede estar en completo desacuerdo con alguien, sin por ello dejar de ser empáticos y respetar su posición, aceptando como legítimas sus propias motivaciones.

A través de la lectura de las necesidades ajenas, podemos reajustar nuestros actos. Si a su vez procedemos con sinceridad e interés mejoraremos en beneficio de nuestras relaciones personales. Por ello debemos estar permanentemente en estado de alerta. Lo que funciona con una persona no funciona necesariamente con otra. Es más, lo que en un momento es válido con una persona no es garantía de que lo sea en otro con la misma persona. Siempre alerta y dispuestos para la improvisación, desde el pálpito inteligente. La empatía es un asunto del corazón.

Mahatma Gandhi decía que «las tres cuartas partes de las miserias y malos entendidos en el mundo terminarían si las personas se pusieran en los zapatos de sus adversarios y entendieran su punto de vista». Pero no hace falta que seamos como Gandhi para darnos cuenta de que existen «armas sutiles» que podemos usar en beneficio propio y de los demás; que no se precisa la destrucción y la violencia para que florezcan relaciones provechosas, en aras de nuestro crecimiento como seres humanos.

En la empatía podemos encontrar los cimientos de la moralidad misma.

Los gestos, las posturas y su lenguaje

Aunque no lleguemos a percatarnos de ello, el lenguaje postural y gestual ocupa entre el 60 y el 80 por 100 de la comunicación humana. En los últimos tiempos, este lenguaje ha adquirido una especial importancia en nuestra sociedad. Cabe destacar su relevancia en las relaciones laborales, además de las interpersonales producidas entre personas de una misma comunidad, ámbito social, familia o pareja en su vida cotidiana.

En nuestra época, se han tenido en cuenta a la hora de estudiar este sistema de comunicación factores que anteriormente no se habían considerado, al menos con el grado de precisión o profundidad requeridas. Uno de estos factores es la diversidad de culturas de las cuales dependen los diferentes signos y más concretamente los diversos significados de éstos.

En muchas ocasiones valoramos, de forma implícita o explícita, la comodidad de utilizar este tipo de lenguaje, ya que nos posibilita la comunicación, mediante una postura o un gesto, de sentimientos o sensaciones que serían muy complejos e incluso imposibles de poner en palabras o expresar a través de la comunicación verbal.

Las manos

Las manos, junto con los ojos, son los elementos más expresivos de nuestro cuerpo. La comunicación de las manos es muy usada por todos los seres humanos y cada cultura posee sus propios movimientos, pero existen algunos universales descubiertos por *Paul Ekman*. Estos movimientos universales se deben a las limitaciones del ser humano. Una de las señales más poderosas y menos considerada es el movimiento de la palma de la mano. Hay tres posiciones principales: con las palmas hacia arriba, con las palmas hacia abajo y con la palma cerrada apuntando con un dedo en alguna dirección.

- *Palmas hacia arriba*: Es un gesto no amenazador que denota sumisión.
- *Palmas hacia abajo:* La persona adquiere autoridad.
- *Palmas cerradas apuntando con el dedo:* Es uno de los gestos que más pueden irritar al interlocutor con quien se habla, especialmente si sigue el ritmo de las palabras.

Las palmas hacia fuera, mostrándolas, se asocia con la honestidad, la sinceridad, la lealtad y la deferencia. Cuando alguien empieza a confiar en otros, les expondrá las palmas o parte de ellas. Es un gesto inconsciente, como casi todos, que hace presuponer que se está contando la verdad.

La posición en la que se colocan las manos a lo largo de una conversación también dice mucho de quien realiza el gesto. Los dedos entrelazados son sinónimos de un gesto de frustración. Cuanto más altas estén las manos, más negativa será la actitud del contrario. Cuando se mantienen apoyados los dedos de una mano contra otra, formando un arco, demuestra que esa persona tiene una gran confianza en sí misma, denota superioridad y conocimiento de un tema. Otro gesto de superioridad es cogerse las manos por detrás de la espalda; por el contrario, ponerlas en las caderas resulta sumamente agresivo.

Dar la mano es un gesto corriente en los saludos y las despedidas occidentales, los hay sumisos, dominantes y los que transmiten confianza y situación de igualdad. El dominio se transmite cuando se da la mano con la palma hacia abajo y se toma la iniciativa en el saludo. La situación inversa, denominada saludo vertical, se produce cuando una persona ofrece su mano con la palma hacia arriba, lo que significa que se cede el poder al otro.

En el estrechamiento de manos se pueden transmitir tres actitudes:

- La de dominio
- La de sumisión
- La de igualdad

Los gestos que hacemos con las manos comunican siempre, aunque no reparemos en ello. Revelan nuestras emociones involuntariamente o como fórmula para aclarar mensajes verbales. El lenguaje de las manos puede revelarnos muchos datos de utilidad, en relación con el estilo personal, origen étnico, tensión que se está soportando...

- Frotarse las manos muestra una actitud positiva.
- Los dedos entrelazados hacen referencia a un estado de frustración y actitud negativa.
- Las manos en ojiva significan seguridad y autoconfianza.

Las manos en las mejillas y el mentón nos puede indicar cómo están recibiendo los receptores nuestros mensajes.

- La actitud de evaluación se suele mostrar con la mano cerrada apoyada en la mejilla, manteniendo el dedo índice hacia arriba.
- La pérdida de interés deja un rastro con el que poco a poco la cabeza irá descansando sobre la palma de la mano o se sostendrá con el dedo gordo en la barbilla.
- Los pensamientos negativos se reflejan con el dedo índice apuntando hacia arriba, mientras el pulgar aguanta la barbilla.
- Cuando alguien se encuentra en un proceso de toma de decisiones o analizando cualquier tema que se trate en ese momento, suele tocarse la barbilla.

- Cuando nos escuchan de forma crítica, solemos ver sus piernas muy cruzadas y el brazo sobre el pecho, en actitud de defensa.
- El aburrimiento tiende a mostrarse mirando el reloj constantemente.

Hay gestos de las manos y la cara que tienden a mostrar engaño, aunque no deben ser interpretados de manera aislada. En este sentido, son típicos:

- Llevar las manos a la cara
- Taparse la boca
- Tocarse la nariz o el contorno de la boca

Miradas

También nos comunicamos a través de la mirada. La respuesta ante la mirada es innata en todos los seres humanos y coincide con la de los animales. Un aspecto curioso a mencionar en relación con este tema de la mirada es una creencia o «leyenda urbana» que mantiene que el exceso sexual crea ceguera o pérdida de vista. Puede tener cierta lógica teniendo en cuenta que las pupilas reaccionan ante los acontecimientos de la vida diaria y se dilatan.

- *Mirada fija:* Ante una mirada fija solemos sentirnos amenazados e inmediatamente apartamos la vista.
- *Guiños:* Movimiento de cierre de los párpados para expresar complicidad o simpatía.

La forma de mirar y la duración de la mirada reflejan la posición de predominio de una persona. Los ojos dan señales más precisas y reveladoras. Juegan un papel muy importante en las relaciones. Las mujeres miran más cuando hablan ya que se sienten menos cohibidas a la hora de expresar sus emociones, siendo más receptivas a las emociones de los demás; en cambio, los hombres aumentan el tiempo de la mirada cuando escuchan, esta diferencia reside en que a los niños se les enseña a controlar más sus emociones. Cuando una persona es deshonesta o trata de ocultar algo, tiende a evitar contacto ocular. Sin embargo, este gesto tiende a confundirse muy a menudo con la timidez, por lo que deben hacerse comprobaciones complementarias.

Veamos ahora algunos otros tipos de gestos y posturas que pueden ayudarnos leer las emociones de los demás y mejorar nuestra empatía:

- **HOMBROS:** Levantar los hombros sirve para expresar duda o ignorancia sobre un tema.
- **CABEZA:** Utilizamos esta parte del cuerpo para señalar una serie de ideas.
  - *Mover la cabeza de arriba abajo* indica asentimiento, conformidad con una idea.
  - Mover la cabeza de un lado a otro señala duda o disconformidad; es un gesto de negación.
- **CEJAS:** Utilizamos el movimiento de las cejas para transmitir las siguientes sensaciones:
  - *Alzamiento de una ceja:* Es una clásica señal de duda.
  - *Alzamiento de ambas cejas:* Señal de sorpresa.
  - *Bajar ambas cejas:* Señal de incomodidad o sospecha.

Preocupación, entrega y descentramiento

Sintonizar con los otros no es simplemente un lujo placentero, sino que se convierte en una necesidad de suma importancia a lo largo de toda la vida de la persona. Desatender este aspecto puede ser origen de graves patologías. Desde aquel consuelo tierno de la infancia, que nos llega sin pedirlo, recuerdo a su vez del bienestar intrauterino, de la no separatividad, nuestra vida tiende a convertirse, si no aprendemos a remediarlo, en una continua pérdida de afectos, de contacto. Y cuando éste falta, cuando el hambre de sentir no queda suficientemente saciada, se manifiesta el raquitismo afectivo, que deforma nuestra personalidad y nos genera problemas de relación, de intolerancia, incomprensión y violencia: falta de amor. Tales deficiencias en la capacidad de expresarnos, de empatizar, de relacionarnos a través del tacto, nos aíslan progresivamente y, en casos extremos, pueden llegar a recluirnos en un mundo imaginario, totalmente escindido de la realidad, por donde nuevamente llegamos a las demencias. Es curioso observar cómo éstas aumentan en la senilidad, justo cuando también decaen las caricias, el contacto afectivo. Desde esta perspectiva, potenciar la sexualidad entre los ancianos puede ser un antídoto para la demencia senil. De hecho, como cita anecdótica, cabe considerar las experiencias realizadas, y que aparecieron como noticia en diferentes medios de comunicación general, en los primeros meses del año 2005, en algunas residencias de ancianos de Dinamarca. Parece que proyectar películas pornográficas y llevar prostitutas a estos centros había producido efectos muy positivos entre los residentes. Varias clínicas de reposo de la ciudad de Copenhague incorporaron este tratamiento en muchos de los ancianos que allí residen. Según sus especialistas, la salud de un ser humano incluye su salud sexual, y gracias a esta innovación se facilitó y abarató la cura de muchas dolencias.[7]

Los masajes sensitivos y el contacto abierto, sin miedos ni prejuicios, puede ser muy efectivo. Pero también se puede aprender a

---

7. Infobae.com, martes 22 de febrero de 2005. Enviado por Licenciatura en Gerontología el 22 de febrero 22 de 2005 04:43 p. m. «La historia de la pornoterapia comenzó en el geriátrico Thorupgarden, de Copenhague, cuando el Consejo de Ancianos se presentó ante la dirección del asilo para proponer la emisión de películas porno en el circuito cerrado de televisión, en lugar de las habituales que se emitían. La respuesta de los directivos fue positiva y conforme se empezaron a observar los amplios beneficios, más y más clínicas de reposo de la capital danesa, y sus alrededores, se sumaron a esta práctica, así como a sofisticar los tratamientos, como por ejemplo mediante la incorporación del servicio de contratación de prostitutas. Asimismo, basado en la experiencia de los internados de estas instituciones, el Ministerio de Salud y Acción Social danés preparó un informe con una serie de sugerencias y consejos para que las personas mayores o lisiadas puedan tener mejores y más satisfactorias relaciones sexuales» [http:www. enplenitud.com].

empatizar a través de sencillas actividades, como compartir alimentos en fiestas, admitiendo la necesidad que, de una u otra forma, tenemos los unos de los otros. Aprender a valorar y apreciar a los demás, desarrollando el afecto, en función, por ejemplo, de las habilidades o especialidades conseguidas por medio del ejercicio de nuestra profesión o aficiones y estando dispuestos a apoyarnos cuando sea preciso, desde el respeto, la discreción y el afecto sincero: desde un clima de empatía, de sentir a la otra persona y saber lo que puede venirle bien, aunque no lo exprese con palabras. También es ésta una de las riquezas propias de la experiencia, de los años vividos. Puede aplicarse aquí el refrán de que más sabe el diablo por viejo que por diablo. Tras la mirada reposada del anciano, tras su actitud serena y su sonrisa, al final de una vida bien aprovechada, se encuentra el secreto de la empatía y de la vida. Y cuando aparecen síntomas agresivos debemos aprender a ver en ellos la necesidad de caricias, reconocimiento y afecto.

Y al final, cuando ya todo se agota, cuando el dolor aprieta y la incertidumbre de la muerte se aproxima, entonces queda aún la posibilidad de salir al encuentro de la naturaleza, de volar por ella a través de la empatía silenciosa y recuperar el estado de no separatividad, como al principio, como en el seno materno, en esta madre grande, que es la Tierra, el Universo, el Todo, y reintegrarse en la totalidad, en la meditación más plena: en el nirvana. Tal ha sido siempre la propuesta de los místicos. «Cuando ya no existe ninguna posibilidad de cambiar el destino, entonces es necesario salir al encuentro de este destino con la actitud acertada» (Frankl, 1987: 94).

El místico va atravesando y transcendiendo las cosas, las apariencias; se va sumergiendo en lo que se insinúa como «nada» frente a la viva y potente luz de Dios. Un Dios que no se buscará ya fuera sino dentro, en lo más íntimo de la realidad vital. Ésta ilumina el alma, la razón, con la transparencia de lo inefable. Por eso escribe san Juan de la Cruz que cuando «las cosas divinas son en sí más claras y manifiestas, tanto más son al alma de oscuras y ocultas naturalmente;

así como la luz, cuanto más clara es, tanto más ciega y oscurece la pupila de la lechuza» (san Juan de la Cruz, 1982).

Tal actitud, bien entendida, es la que aporta una profunda orientación de sentido en la ancianidad, cuando se va oscureciendo el mundo por el deterioro progresivo de los sentidos físicos. La vivencia personal, espontánea, es la clave a adquirir en ese acercamiento a la «puesta del sol», para que su contemplación infunda el éxtasis de la plenitud y no el temor de la noche que se aproxima. Ella se expresa en cada uno de los místicos a través de la metáfora, más o menos racionalizada, pero siempre estética, que nos permite explicar por qué ciertos autores consideran místico al filósofo de *Zarathustra,* el controvertido Nietzsche, a pesar de su insistencia en la *muerte de Dios* y la feroz crítica que ejerce contra el cristianismo y el budismo, fundamentalmente. El misticismo no es una religión ni depende necesariamente de ésta; es una vivencia íntima, directa y transformadora, propiciadora de creatividad. Y se expresa en forma de pensamiento, conducta corporal o arte. Se ha asociado con el culto a la divinidad porque la experiencia psicológica es más intensa cuanto más excelsa es la representación en la que se asienta. Quienes conciben su éxtasis como la unión con lo absoluto, lo eterno, el origen de toda creación, alcanzan de hecho mayor potenciación de su ser en todos los sentidos.

Jung (1986: 330) dice:

> La cuestión decisiva para los hombres es: ¿guarda relación con lo infinito o no? Esto es el criterio de su vida. Sólo si yo sé que la falta de límites es lo esencial, no presto interés a cuestiones vanas ni a cosas que tienen un significado decisivo. Si no lo sé, insisto en perseguir tal o cual propiedad que concibo como posesión personal, algo que rige el mundo. Así es, pues, quizás a causa de «mi» inteligencia o «mi» belleza. Cuanto más insiste el hombre en la falsa posesión y cuanto menos capta lo esencial, tanto más insatisfactoria es su vida. Se siente limitado porque

tiene objetivos limitados y esto crea envidia y celos. Cuando se comprende y siente que se está unido, ya en esta vida, al infinito, cambian los deseos y actitudes. En última instancia, uno se rige sólo por lo esencial, y si no se posee esto, se ha malgastado la vida. También en relación con los demás hombres es decisivo si en ello se expresa lo infinito o no.

Te dejo finalmente algunos puntos de reflexión que pueden servirte de guía en el proceso de conocer y desarrollar la empatía:

Comprender a los demás
- Nadie puede aportar una buena solución a un problema que no ha entendido.
- Escuchar por dentro y por fuera para entender plenamente.

Proyecciones y deseos
- Mecanismo de defensa que atribuye a otra persona las intenciones o los defectos que no queremos reconocer en nosotros.
- Aceptar los propios deseos y necesidades para aceptar los de los demás.

Tomar distancia para acercarse
- Una misma situación se puede estar interpretando de diversas formas.
- Ver las cosas en su justa perspectiva.
- Evitar precipitarnos y sacar conclusiones erróneas.

3

Hipótesis de los procesos de opresión y represión

Presento este tema como una hipótesis que me ha sido útil a la hora de dar sentido y estructurar el código de las emociones que estoy aplicando cada día con buenos resultados. No pretendo por ello entrar en polémica con las orientaciones académicas cognitivo-conceptuales, sino aportar la visión y orientación que a mí mismo me sirvió y que ha mejorado mis procesos operativos hacia un éxito palpable en los resultados, más que en una defensa a ultranza de los postulados de Sigmund Freud y el psicoanálisis. Lo que sí considero oportuno es reconocer su influencia desde el punto de vista de las puertas que me ayudó a abrir en mi propio camino metodológico y práctico.

Aceptaremos el concepto de represión como aquel proceso que consiste en la ocultación completa de vivencias consideradas como intolerables por el dolor físico o moral causado, o bien por algún tipo de norma moral adquirida. El psicoanálisis de Freud descubrió el valor que en las represiones tienen el impulso sexual y los deseos de destrucción considerándolos como fuerzas primordiales. Aunque desde 1885 se dedicó a investigar el cerebro y fue profesor de Neuropatología en la Universidad de Viena, comprendió que las neurosis no se explican tan sólo por alteraciones neurológicas. Sería el estudio de la mente, de la psique, lo que definiría al psicoanálisis posterior.

Freud, con el paso de los años, fue elaborando sus propias teorías y técnicas para comprender el complejo problema de la mente humana y terminó declarando que el psicoanálisis es el estudio del inconsciente. Del yo (Ego), que es lo inconsciente que a veces se hace consciente, en relación con la propia identidad. En ese Ego se concentran las fuerzas que brotan del Ello, el aspecto interior instintivo, que radicalizó como eróticas y agresivas, buscadoras del placer o de la satisfacción de destruir lo desagradable o peligroso. Estos impulsos o energías eróticas y tanáticas (*thanatos,* muerte) constituyen, según él, la libido por acción o reacción.

Sobre el yo se construye, desde fuera, el Superego. Éste viene dado por las normas o estructuras que inhiben y reprimen. Tal denuncia de la represión y la generalización de lo instintivo, es lo que más escandalizó en los ambientes cultos, en la primera formulación del psicoanálisis, al provenir de un psiquiatra de dudosa eficacia. Declarar que la tradición, la familia, la educación, la moral, la religión, el arte y otras estructuras sociales pueden oprimir el yo y deben ser evitadas en la medida de lo posible y de lo conveniente, no dejaba de ser una audacia. Pero Freud lo dejó bien claro: la opresión del superego sobre el yo implica tensión y finalmente represión. Es necesario dejar salir esa tensión, por medio de mecanismos naturales como el sueño, los chistes, el humor, las equivocaciones y las fantasías o por medio de técnicas artificiales como pueden ser, en el método psicoanalítico del desahogo, la comunicación dirigida o confesión, así como la expresión aclaratoria o desenmascaramiento. Si no hay liberaciones, la tensión desequilibra el yo y se generan las patologías.

Para defenderse de lo que se considera amenazador o traumático, debido a experiencias vividas, se desarrollan por tanto los dos mecanismos de defensa que consideraremos: *la opresión y la represión.*

La opresión consiste en el desplazamiento de lo experimentado como desagradable para la conciencia, colocado en ella como en un segundo plano. Este sentido de lo desagradable aparta lo que la mente no puede o no sabe gestionar, dejándolo en una especie de «carpeta de asuntos pendientes». La razón de ese desagrado puede ser interna o externa. Cuando es interna, a su vez, puede estar relacionada con nuestros valores profundos, vitales, entre los cuales encontraríamos las pulsiones que Freud consideró como ligadas a los instintos animales de «supervivencia» y «perpetuación de la especie». El primero de éstos sería el origen de las reacciones violentas, y el segundo, de los impulsos sexuales. No obstante, cabría considerar también alguna forma de «imperativo categórico», en el sentido conceptual elaborado por Immanuel Kant.[8] Este filósofo lo presenta como un mandamiento autónomo, independiente de cualquier religión o filosofía y autosuficiente, capaz de regir el comportamiento humano. Por otra parte, encontraríamos como razón externa de ese desagrado que conduce a la opresión lo que Freud mismo determinó, como antes veíamos: la tradición, la familia, la educación, la moral, la religión, el arte y otras estructuras sociales.

Estos asuntos pendientes u oprimidos se ven de vez en cuando, especialmente cuando algún elemento externo o vivencia nos los recuerda, y aparecen normalmente en nuestros sueños, reflexiones o

---

8. Véase la obra de I. Kant (1785). *Fundamentación de la metafísica de las costumbres.* Título original: *Grundlegung zur Metaphysik der Sitten.* Existen múltiples ediciones y traducciones a las principales lenguas.

fantasías diurnas. Pero con el tiempo, si llegaran a generar demasiada molestia o estrés, tenderíamos a olvidarlos o reprimirlos. Técnicamente, la represión elimina de la consciencia los pensamientos y los sentimientos que generan ansiedad. Así es como he llegado a verlo en mi propia experiencia personal y la de muchas personas con las que he trabajado para aliviar su tensión interna o que me han consultado en un grado suficiente de intimidad y sinceridad. A continuación veremos algunos ejemplos.

Un hombre de 45 años, que se había separado recientemente de su mujer, me confesó después de un diálogo introductorio en el que fuimos alcanzando un progresivo grado de confianza: «Yo sé que lo que tendría que hacer es ir a verla, ponerme de rodillas ante ella, aceptar mis errores, pedir perdón y rogar que volvamos a intentarlo porque no puedo vivir sin ella. Tengo el pleno convencimiento de que eso es lo que ella está esperando. Y también sé que, después de sufrir el castigo de su aparente desinterés, nos reconciliaríamos; que ella sólo quiere verme humillado a sus pies cada día porque necesita sentir su poder sobre mí para mostrarse generosa y compasiva. Pero yo no puedo hacerlo. Hay algo dentro de mí que me lo impide. En primer lugar, porque siento rabia. Ella me trató de forma injusta y yo no puedo aceptar lo que no siento como auténtico, aunque con ello lograra lo que también deseo». Vemos en este caso la forma en que se manifiesta la opresión. Por un lado, sea cierto o no, él se encontraba convencido de tener la llave para solucionar su problema. Pero, por otro lado, hacer uso de ella lo enfrentaría a dos barreras internas infranqueables. Estas barreras son las que activan el mecanismo de la opresión. Las dos son de origen interno. No obstante, su génesis y consecuencias son bien distintas. Según lo expresaba, humillarse ante los pies de ella era una condición indispensable, no sólo por el problema que los llevó a la separación en esta ocasión, sino también como un acto de sometimiento, que le otorgaría a ella la superioridad y confianza necesarias para lograr la autoestima suficiente que le permitiera sentirse bien cada día. Ésta es una cuestión de orgullo, que seguramente podría superar si no estuviera presente la otra barrera, que es la que actuaría al modo del «imperativo categórico» al que antes hacía referencia. Sus valores íntimos le impiden aceptar algo que él considera injusto, tenga o no razón, para conseguir su propósito. Estas barreras se van convirtiendo en algo insuperable, opresivo, que no se puede resolver; tal vez porque no es capaz de analizar y valorar de forma sistemática y organizada; para ello se necesita normalmente la ayuda de un profesional, y es ahí donde se ha mostrado muy eficaz el método cognitivo-conductual. Cuando tal es el caso, la propuesta psicoanalítica nos plantea que buscará válvulas de escape o de liberación de ese estrés emocional.

En relación con el mecanismo de la represión podemos considerar otro caso. Se trata de una chica de veinte años, en aquel momento, que vino a verme inducida por unos amigos que me conocían. Presentaba unos síntomas sumamente extraños y preocupantes. Aseguraba que en su casa se rompían espontáneamente las imágenes religiosas y que los cuchillos volaban, como si se tratara de espíritus malignos que los guiaran. Cuando entraba en una iglesia, se le cambiaba la voz y se ponía a insultar en voz alta a los santos y al mismísimo Dios. Por otra parte, vestía de negro, estaba muy pálida y presentaba unas marcadas ojeras. El aspecto positivo de sus manifestaciones era que generaba una gran energía con sus manos, apreciable como calor a más de dos metros de distancia, cuando ella lo dirigía a una persona. Yo mismo comprobé el hecho. Esta energía la usaba para curar a otros de ciertas dolencias y padecimientos. Ella decía que no sabía lo que había pasado, pero sospechaba que todo aquello era consecuencia de una maldición. Entonces le pedí que me contara todo lo concerniente a la supuesta maldición. Así fue como me dijo que cuando tenía catorce años había llegado a su casa un hombre que curaba con las manos y con remedios naturales. Su fama se había extendido por los alrededores porque muchas personas habían mejorado y sanado completamente de sus enfermedades al visitarlo. Este sanador o curandero tenía una personalidad muy magnética y ella se enamoró locamente de él, hasta tal punto que se escapó de su casa para vivir con él durante dos años. Ella finalmente se arrepintió de haber dejado a sus padres y quiso regresar, pero él la amenazó con una maldición si lo hacía. Ese temor la retuvo a su lado un par de años más. Pero finalmente regresó arrepentida. A los pocos meses de encontrarse de nuevo en el domicilio familiar, comenzaron los síntomas descritos. Al margen de la sugestión generada por el miedo, los conflictos emocionales propios de la adolescencia y su natural sentido de culpa, que terminaría por reforzar la supuesta maldición, debió de ocurrir algún hecho sumamente traumático que disparara el proceso hasta tal punto. Esto aparece referido en muchos procesos que terminaron degenerando en rasgos psicóticos y otros, a los que Freud alude en diferentes casos.[9] Las descripciones que hacía estaban normalmente referidas a la «histeria». En el caso de esta chica, la situación encajaba a la perfección. Cuando ella superó su sentido de culpa producido por el deseo sexual inaceptable, en una sesión conjunta con sus padres, en la que ellos la perdonaban y comprendían, se alcanzó una liberación y la consecuente desaparición de todos los síntomas, incluida la energía sanadora que sus manos generaban. Esto nos permite entender que la energía reprimida puede activar otras áreas del cerebro o de la psique, buscando una salida. Casos parecidos he podido apreciarlos en otras personas, normalmente mujeres, que manifiestan una extraordinaria sensibilidad psíquica asociada con fenómenos como la telequinesis, la videncia, la sanación con las manos y otros.

---

9. S. Freud. (1915). *La represión*. Obras Completas. Buenos Aires, Madrid. Ed. Amorrortu, tomo XIV.

Liberación de estrés psicológico o emocional

Como hemos visto, es un hecho que a veces tendemos a ocultar hasta la negación completa situaciones sin resolver, bajo la estrategia de la represión, o las dejamos aparcadas en el fondo de la mente, en una especie de penumbra de la conciencia como «asuntos pendientes», a través de los mecanismos de la opresión. Comprobarlo requiere tan sólo una observación sincera de nuestros propios procesos. Hasta este momento no me he encontrado con ninguna persona que no responda a estos patrones de actuación. En estos casos, como consecuencia, se genera una situación estresante, de mayor o menor grado en función de la importancia de lo desplazado. Esta importancia se encuentra en relación directa con la intensidad del trauma, bloqueo emocional o inconveniente producido. No obstante, los casos citados anteriormente no se corresponden con patrones generales. Se trata de casos concretos en los que podemos observar el proceso teniendo en cuenta sus circunstancias y peculiaridades propias. Estas dinámicas pueden concretarse de muy diversas formas, con sus propios códigos. Estos códigos emocionales son los que nos interesa comprender bien para poder utilizarlos como un auténtico lenguaje interactivo y aplicable a cualquier persona, independientemente de su origen, grado de formación o cultura. Ésa es mi experiencia hasta el momento, después de tratar a personas de diferentes edades (desde niños a ancianos) y género, principalmente en Europa y América (norte, centro y sur).

En el segundo capítulo traté el tema del estrés de forma genérica, como continuidad y en desarrollo de lo que ya había expuesto en otros de mis libros.[10] Pero llegados a este punto me centraré de nue-

---

10. Principalmente en *El corazón inteligente, Reír, para vivir mejor, Regresiones, Hipnosis y sofrología*, todos ellos publicados en Ediciones Obelisco, así como en *Hacerse Mayor*, publicado originalmente en la editorial Sepha, y *La preñez congénita*, publicado originalmente en la editorial Casa de Horus.

vo en el estrés, como consecuencia directa de los mecanismos de la opresión y la represión que acabamos de ver, con el propósito de observar la génesis de estos códigos que naturalmente usamos todos los seres humanos como válvulas de escape, según la hipótesis de trabajo que propongo y que personalmente he contrastado de forma amplia hasta el momento.

Enfoquemos en este punto el área de actuación relacional, en la vida profesional y personal con varios casos de referencia. En mi infancia y adolescencia tuve la ocasión de observar la conducta de mi abuelo paterno, que me llamaba poderosamente la atención. Él fue un buen hombre, con el que compartí largas caminatas y charlas desde que yo tenía la edad de seis años y filosofábamos de forma natural por el campo, especialmente en los veranos. Tenía un negocio en un lugar céntrico de Madrid. Delante de su puerta pasaban muchas personas cada día. Así fue durante muchos años, lo que le llevó a convertirse en personalidad de referencia en las asociaciones profesionales de su sector. Con el tiempo, como ha ocurrido en todas las ciudades, el entorno urbanístico fue cambiando y eso hizo que descendiera el número de transeúntes que desfilaban por la puerta de su comercio. Un paso elevado para mejorar el tránsito rodado y otro subterráneo para los peatones fueron causas importantes de esa transformación. El caso es que los ingresos se redujeron muy sensiblemente. Redujo progresivamente el número de trabajadores. Pero llegó un momento en que aquella fuente de ingresos fundamental para la familia dejó de ser suficiente para mantenerla desahogadamente y comenzó la ansiedad, repercutida de diferentes formas al resto de sus integrantes. Esta ansiedad era el resultado de su frustración ante las circunstancias. Toda una serie de elementos parecían haberse configurado o incluso conjurado para reducir el fruto de sus esfuerzos, independientemente de que estos últimos aumentaran. Los tiempos habían cambiado y era necesario adaptarse. Él se sentía el patriarca de la familia y por lo tanto era él quien tenía que tomar las decisiones adecuadas para resolver los problemas. Ése era el aprendizaje recibido que estructuraba sus valores y el sentido de su vida. Pero, a su entender, no podía luchar contra esas circunstancias que se escapaban a su voluntad y su capacidad de decisión. Estaba siendo desplazado por el sistema, por las decisiones urbanísticas, por el bien común de la ciudad. Por ello mismo, según sus firmes criterios morales, había que acatarlo y aceptar el propio sacrificio. Eso era lo razonable. Pero se generó un gran conflicto en su interior. Este conflicto le obligó a desarrollar mucha agresividad ante todo aquello que incrementara su sensación de frustración y que, consecuentemente, cuestionara su capacidad de liderazgo patriarcal. De ello no hablaba. No se permitía razonar sobre ello en busca de soluciones que no encontraba, ante la fuerte inercia generada a lo largo de los años por su visión del mundo; una visión del mundo que le había permitido triunfar ante las circunstancias en su juventud. Por eso mismo, la incapacidad para analizar adecuadamente la situación y encontrar nuevas soluciones, potenciada por el aumento de la frustración y el temor a la pérdida de prestigio familiar y social, fueron escondiendo el problema, oprimiéndolo en su mente. Diariamente se encontraba con ese asunto pendiente. Mi abuela se lo recordaba directa e indirectamente y ante ella callaba sometido. Pero cuando llegaba a su negocio comenzó a aflorar una acritud en su carácter que, poco a poco, lo llevó a convertirse en una especie de «ogro», un maltratador psicológico de quienes aumentaban, directa o indirectamente, su frustración. Esta frustración había llegado a convertirse ya en una acumulación de energía imposible de ocultar, controlar o contener, es decir, de oprimir en su interior. Por ello mismo, estallaba diariamente su agresividad en forma de enfados, gritos y reproches injustificados hacia los representantes de firmas comerciales, que venían a ofrecerle y tratar de vender sus productos. Sistemáticamente les hacía esperar durante largos períodos para atenderlos, mientras les lanzaba exabruptos y quejas que compartía con los clientes. Muchas veces asistí a tales hechos cuando era niño, y para mí carecían completamente de sentido: eran el efecto del estrés psicológico repercutido sobre quienes yo sólo podía ver como víctimas inocentes o «chivos expiatorios». La conclusión que me fue quedando, mucho tiempo después de asistir durante años a aquellas escenas, era que cuando no se puede desahogar el estrés de forma voluntaria, éste estalla involuntariamente de manera inapropiada.

Nuestra conciencia, a modo de jefe-responsable o inspector, nos exige el cumplimiento de las tareas pendientes. En el caso anterior, mi abuela se convirtió en la representación externa de ese inspector interno de la conciencia. Cuando estos asuntos no se pueden resolver, se genera agotamiento o malestar. Los estallidos a veces también se desarrollan internamente o se «somatizan». Aquí comienzan, de forma sintética, las llamadas «enfermedades psicosomáticas». Cuando conseguimos resolver las tensiones internas, experimentamos bienestar. Pero si no logramos salidas o respuestas adecuadas, se va generando una especie de autocondena interna, en la que se unen sentimientos de culpa, miedos y grave deterioro de la autoimagen que conducen, con el tiempo, a la autodestrucción. Tal proceso tuve ocasión de verlo también, con sus propios matices y circunstancias, en mi padre. Curiosamente, los dos murieron de cáncer. Antes de llegar al deterioro final, por supuesto, hubo muchos otros procesos parciales enfermizos y tendencias de autocastigo, en las que entramos sin darnos cuenta todos los seres humanos, incluido yo mismo. Parece como inevitable. Pero ante tales tendencias, cuando conocemos sus mecanismos y los hacemos conscientes, podemos hacer algo. Ésta es la base de la terapia cognitiva. No obstante, hay otras alternativas, naturales o involuntarias, de solución que también podemos utilizar y aprovechar voluntaria y conscientemente. En ellas se basa la codificación emocional que propongo. Seguiremos avanzando por este camino para conocer más en profundidad estos mecanismos, como si se trataran de los recursos y estructuras propios de cualquiera de las lenguas o idiomas que utilizamos. Así lograremos aplicar este código emocional con precisión, para la resolución de conflictos internos, procesos de génesis psicosomáticas y la reducción o prevención de la violencia física o psicológica repercutida en el entorno.

4

La simbolización como forma de evitar bloqueos

Para liberar de alguna forma las experiencias reprimidas u oprimidas, es decir, lo que tenemos pendiente y no deseamos afrontar, generamos procesos de simbolización a través de la fantasía. Éstos consisten, como vimos en el capítulo segundo al hablar de los sueños, en pequeñas mentiras o autoengaños liberadores para descargar la conciencia o cumplir con las exigencias de la inspección o sentido de la responsabilidad.

Los bloqueos, como hemos visto, son fruto de las contradicciones internas que nos impiden resolver asuntos pendientes. Pero estos últimos, mientras se encuentran pendientes de resolución, generan una cierta irritación o desgaste nervioso, que solemos conocer por el término de «estrés», como también hemos visto. Esta tensión y desgaste es peligroso para la supervivencia. Por ello, nuestra sabiduría innata tiende a generar recursos o remedios con el fin de recuperar el equilibrio perdido. Además de esta recuperación de equilibrio o armonía, también hay otro aspecto importante con respecto al mantenimiento de la vida: el ahorro energético, que a su vez procura reducir desgastes innecesarios. Ahora bien, parece evidente que estos intentos o procesos naturales, como el mismo sueño, provistos por nuestra sabiduría interna o vital, no son suficientes para mantener el equilibrio y evitar el desgaste. Podríamos ver tal limitación como la causa de las enfermedades psicosomáticas y un aspecto importante de aquellas que dependen de elementos ajenos, como los virus que nos afectan, al reducir la eficacia de nuestro sistema inmunológico. En ningún caso debería verse como manifestación del «mal» o de elementos distorsionantes y enemigos de nuestra existencia, sino más bien como fruto de nuestra ignorancia y el camino que aún necesitamos recorrer para conocernos plenamente a nosotros mismos, nuestros recursos y tener por completo las riendas de nuestra propia vida.

Por ello mismo, considero de suma importancia ir dando pasos y seguir conociendo, al menos someramente, los mecanismos naturales de nuestra condición humana. Mi idea, base desde la cual fui confeccionando este código de las emociones, es que podemos ayudar a la naturaleza para potenciar voluntariamente aquellos aspectos en los que no se consigue suficiente grado de eficacia a la hora de contrarrestar el desgaste, liberar las tensiones internas y generar un mayor grado satisfacción regeneradora. No obstante, esa potenciación voluntaria parte del conocimiento de los procesos básicos para su desarrollo. Uno de los aspectos, importantes a mi entender, del conocimiento y reconocimiento de tales mecanismos naturales es a lo que yo llamo el código de las emociones, siendo éste una forma de lenguaje interno de la psique profunda que nos permite un diálogo directo con ésta en dos aspectos fundamentales: desvelar lo que se oculta y corregir lo que conceptual o analíticamente no llegamos a resolver. En este punto específicamente cobra una gran importancia comprender y conocer este proceso de la simbolización de los impulsos emocionales. Por otra parte, tal estructura o dinámica vital coincide, como propuse en el capítulo primero, con los mismos procedimientos creativos que nos permiten desarrollar, por ejemplo, una metáfora poética o resonar con ella de forma preconsciente. Esto quiere decir que a veces no logramos entender conceptualmente lo que expresa un poeta a través de los términos empleados en su obra, aunque sí podamos apreciar una sensación o emoción de agrado, placer, éxtasis o malestar, rechazo e incluso repugnancia, sin que podamos atribuir tales reacciones a ninguna causa concreta. Pero eso mismo nos ocurre en todas las experiencias estéticas sin excepción, es decir, en todas las manifestaciones artísticas. En todas ellas se dan estructuras simbolizadas o metafóricas, de una forma u otra, como resultado de esa hipótesis de diferenciación y desarrollo de la mente humana que proponía en el primer capítulo. Ese proceso de simbolización entiendo que se encuentra en la base de nuestras representaciones oníricas, es decir, de los sueños. Veamos algunos ejemplos.

Una mujer joven de Venezuela me remitió el sueño que seguirá a continuación. En él podemos observar la forma en que tendemos a simbolizar experiencias para evitar sufrir el malestar o la tensión interna de diferentes formas. Utilizo este ejemplo porque ella misma me confirmó después que la interpretación que yo hacía de sus elementos simbólicos era correcta, es decir, que se correspondía realmente con circunstancias y preocupaciones de su vida que yo desconocía por completo:

Anoche soñé que andaba cerca de mi casa, iba caminando en chanclas y una de ellas se rompió. Me sentía triste porque lo único que tenía era eso. Me sentía deprimida porque no tenía nada más para calzarme y sentía vergüenza de que las personas se dieran cuenta de que llevaba unas chanclas rotas. Estaba incómoda porque en ciertos momentos me molestaba para caminar y yo intentaba seguir como si nada, tratando de que nadie se diera cuenta, pero las chanclas me molestaban. Al final conseguí seguir caminando con ellas. Luego desperté. En otro momento del sueño veía a un bebé sentado en una sillita azul, no tenía cinturón ni nada para sujetarlo y me llamaba la atención que su estatura era demasiado grande para su edad, parecía de unos seis meses de nacido, pero con la talla de un niño de tres o cuatro años. En mi sueño sabía que el bebé no podía caminar aún, estaba la madre junto a él, quien parecía ser muy joven, casi una adolescente, también estaba otra mujer joven, pero vestida de negro de pies a cabeza, con un vestido largo. Estaba convencida de que esa mujer era una amargada y que la madre del niño era una irresponsable porque le manifestó a la de vestido negro que tenía que salir de allí, se había largado y lo había dejado con la otra, que no parecía preocuparse por él. El niño se movió en la silla y giró hacia donde yo estaba, me preocupó porque pensé que iba a caerse y grité, traté de acercarme, pero allí estaba la encargada de cuidarlo y me sentí intimidada.

La sugerencia básica de interpretación que le di fue la siguiente:

Te sientes mal con tu actual situación deficitaria, desde un punto de vista práctico. Hay un buen proyecto que otras personas no están aprovechando bien. Tú deseas desarrollarlo pero por ahora no sabes cómo hacerlo.

A lo largo del tiempo he acumulado una gran cantidad de casos y ejemplos que confirman la presencia de ese código simbólico y la corrección a la hora de interpretarlo. Sería largo dar cuenta de todos ellos, por lo que me centraré en exponer primero un par de ejemplos más y seguidamente iremos profundizando en sus características y posibilidades de interacción. Estas últimas son las que en la actualidad me parecen más interesantes desde un punto de vista metodológico, ya que a la hora de interpretar siempre tendemos a proyectar aspectos subjetivos. La interacción constructivista, que veremos más adelante, conlleva el propósito fundamental de evitar la proyección subjetiva por parte de quien asiste al relato simbólico con cualquier sentido o propósito, para potenciar la concreción del sentido originario por parte de quien ejerce el relato de su sueño, imaginación o fantasía.

Además de los sueños, como en el caso anterior, otro medio muy extendido para proyectar el propio mundo simbólico es la literatura, y en especial la poesía. Con ello no pretendo hacer gala de ningún descubrimiento, sino tan sólo dejar constancia de algo bien conocido desde la más remota antigüedad. Citando a Robert Graves (1986) podemos entender que en la poesía se da un sentido mágico originario:

> Es cierto que la ciencia poética europea se basaba esencialmente en principios mágicos, los rudimentos de los cuales constituyeron un restringido secreto religioso durante siglos, pero que finalmente fueron desechados, desacreditados y olvidados. (Pág. 19)

Este sentimiento mágico y secreto podemos entenderlo también en relación con esa forma de curación por la palabra a la que se refiere Pedro Laín Entralgo (1958) con mayor amplitud:

> En relación con la enfermedad, la palabra es usada en el epos homérico con tres intenciones distintas: una impetrativa, otra mágica y otra psicológica o natural. La palabra impetrativa es la «plegaria» *(eukhe);* la palabra mágica es el «ensalmo» *(epóde);* la palabra de intención psicológica es el «decir placentero» *(terpnós lógos)* o «sugestivo» *(thelktérios lógos).* (Pág. 44)

Pero aunque ambos autores mantienen que tal sentido y secreto terapéutico se perdió después, el primero desde el punto de vista de la poesía y el segundo desde el ámbito de la medicina, mi propuesta sobre el código de las emociones es afirmar la forma en que se man-

133

tiene, puede recuperarse y aplicarse terapéuticamente, independientemente de las creencias religiosas o las fabulaciones animistas de los antiguos mitos.

Veamos un ejemplo que ya aproveché hace años, mientras realizaba mi doctorado en Hermenéutica en la Facultad de Filosofía de la Universidad Complutense de Madrid. Se trata del poema de la «Noche Oscura» de san Juan de la Cruz. Ya entonces avanzaba, desde un punto de vista metodológico que:

> Para que la interpretación pueda ser admitida con un mínimo de verosimilitud, a falta de una contrastación dialogada con el autor, deberá tener en cuenta los datos biográficos, históricos, logrados en el análisis hermenéutico precedente. (López Benedí, J. A. 1992, pág. 60)

A través de este procedimiento metodológico cualitativo de la triangulación de los elementos simbólicos de la poesía, con los biográficos, históricos, filosóficos, místicos y psicológicos, ya presentaba entonces las concordancias existentes entre lo expresado en el poema, el relato que otras fuentes hacen del secuestro de san Juan de la Cruz en Toledo, su proceso psicológico y físico. Tal proceso de simbolización poética, asociado en este caso a la experiencia mística, ha sido tradicionalmente atribuido al ámbito de lo divino, sagrado o sobrenatural, porque resulta prácticamente imposible para la razón humana combinar analíticamente tantas variables y tan admirablemente encajadas. Pero, independientemente de la visión religiosa que se le pudiera otorgar, veo en ello la capacidad sintética y simbolizante de nuestro aspecto irracional inconsciente, que igualmente se manifiesta en la simbología onírica. Tal técnica hermenéutica la usé también en repetidas ocasiones para analizar no sólo la poesía, sino también la pintura con adecuada confirmación y respaldo por parte de sus autores, e incluso me permití explorarla como método de diagnóstico de enfermedades físicas, contrastado con pacientes y médicos en diferentes ciudades de España, Chile, Venezuela, Cuba, EE. UU. y Suecia, durante más de treinta años, a través de lo que en un principio denominé «psicoanálisis físico a través de la sensación». Seguiré profundizando en ello más adelante.

El proceso de somatización

Cuando no conseguimos resolver el estrés a pesar de todo, la tensión queda almacenada en algún lugar del cuerpo generando, poco a poco, irritaciones, sobrecargas o daños físicos.

Para comprender el concepto de «somatización» podemos referirnos al psicoanalista vienés Wilhelm Stekel (1925). Él comenzó a emplear el término alemán *organsprache* (lenguaje de los órganos) para referirse a la vulnerabilidad hereditaria de un órgano para enfermar. Cuando su obra se tradujo al inglés como *Peculiarities of behaviour,* tal término generó el neologismo *somatización,* definido como una conversión de los estados emocionales en síntomas físicos (Marin y Carron, 2002).

En un taller que impartí para preparar a padres en procesos de adopción, propuse observar la relación que se da entre nuestros procesos emocionales y las diferentes partes del cuerpo, para tratar de comprender y corregir algún tipo de prejuicio, rechazo o malestar en relación con los hijos. Entre muchos de los casos planteados y observados, traigo a colación ahora el siguiente:

Una de las participantes, de treinta y dos años de edad, estaba en proceso para la adopción de una niña o niño de Etiopía porque ella no podía tener hijos propios. Ella era rubia y de piel clara, pero no tenía ningún problema con que su futuro hijo o hija tuviera otra raza. Por algún motivo no explícitamente declarado, se sentía especialmente atraída por las características raciales etíopes en las que admiraba rasgos de gran belleza. La razón por la que no podía concebir hijos propios era una cierta disfunción en la pelvis y las caderas. Cuando yo propuse considerar aquello como un posible reflejo somático de una situación emocional, ella dijo que no encontraba relación alguna con ningún acontecimiento, sentimiento, emoción o circunstancia especial de su vida. Su cuerpo parecía rechazar la gestación y en ello sólo podía ver una dificultad debida exclusivamente a su estructura física. Ella deseaba profundamente ser madre y todo en su entorno era adecuado: su situación social, económica y afectiva. A partir de ahí comenzamos un diálogo sobre los aspectos simbólicos y las asociaciones imaginativas del caso. Lo hicimos de forma abierta, dentro del grupo de trabajo. Así comenzamos a observar y vincular las ideas y creencias relacionadas con la maternidad, a la vez que ella iba aportando referencias espontáneas de su vida. Y poco a poco, de manera sencilla y relajada, ella se encontró con un recuerdo olvidado: se había sentido rechazada en el claustro materno. Esta manifestación podría deberse a una elaboración mental, tras conversaciones mantenidas con su madre en diferentes ocasiones. Su proceso de gestación fue un poco traumático, debido a las reacciones biológicas y del entorno familiar y social que su madre vivió. Eso la llevó a ver a su hija, especialmente antes del nacimiento, como la causa de sus problemas y sufrimientos. Cuando ella nació, su madre fue cambiando progresivamente su visión, a través de la relación afectiva. De ello habían hablado en repetidas ocasiones porque se sentía tremendamente culpable por ese rechazo visceral hacia su hija durante el proceso de gestación. A partir de ese testimonio, empezó a vislumbrarse la preocupación por evitar que su futuro hijo o hija pudiera verse sometido a esa tensión visceral inconsciente e independiente de la voluntad de la madre. Ella misma llegó a entender en ese momento su disfuncionalidad física ante la maternidad como una forma somatizada de evitar el conflicto. Y su visión y comprensión del problema, de manera súbita, dio un cambio radical. Como conclusión, llegamos entre todos a comprender esta sorprendente forma que puede tener de manifestarse un proceso de somatización. En este caso, la tensión o el estrés mantenido sin solución y reprimido era el daño que hace sentir el rechazo por parte de la madre. Ella, a pesar de su comprensión, supuesta aceptación y perdón, había reprimido un profundo malestar de sentirse una niña no deseada, lo que al parecer había dejado una marca o cicatriz que incluso afectaba sus relaciones de pareja. Tal cicatriz emocional había llegado a ser casi obsesiva. Ella deseaba dar a su hijo o hija todo el amor que a ella, por circunstancias, le faltó o llegó a imaginar que así había sido. Pero a la vez se sentía culpable ante su pareja por no poder tener hijos. Por ello querían adoptar uno. En cierta forma, ella se había generado aquella disfunción de la que se sentía culpable a través de ciertos supuestos accidentes que afectaron a su cadera, a la configuración general de los huesos de su pelvis. Y ahora veía que, en cierta forma, siempre lo había sabido como una sensación de fondo inaceptable para su conciencia. Ella no quería cometer el mismo error que su madre, y para ello lo mejor era no tener hijos biológicos, impidiendo así reacciones viscerales paradójicas. De pronto, fue como si se hubiera «hecho la luz». Todo estaba claro.

Podemos entender, a modo de conclusión, que la somatización suele entenderse como consistente en un proceso que desencadena una serie de síntomas físicos, recurrentes e inexplicables que interfieren en la vida social y laboral de la persona. Cuando los pacientes aquejados de tales procesos tienen la oportunidad de expresar sus molestias a un médico, suelen hacerlo de manera dramática y afectada, refiriéndose a ellas como «una cosa insoportable», «dolores indescriptibles» o «lo peor que pueda imaginarse». Tales manifestaciones pueden variar enormemente, pero sus manifestaciones más comunes son en forma de dolores de cabeza y abdominales, náuseas, vómitos, cansancio, pérdida de conciencia y deseo sexual, así como menstruaciones dolorosas y molestias severas durante el coito (en mujeres) y disfunción eréctil (en hombres). Independientemente de esto, suelen ser constantes ciertas evidencias psicológicas, como la ansiedad y la depresión.

Conexiones lógicas asociativas corporales

A través de las experiencias desarrolladas con diferentes grupos de personas en diversas ciudades y países, pude comprobar la presencia de una serie de conexiones lógicas o analógicas recurrentes entre las emociones o vivencias psíquicas y las diferentes partes del cuerpo. En función del grado de conciencia que tenemos de nuestros órganos, podríamos establecer vinculaciones con la mente consciente (manos, pies, piernas, brazos, cabeza…), con la mente preconsciente (pulmones, corazón, estómago intestinos…) y con la mente inconsciente (sistema endocrino, sistema nervioso…). Los huesos guardan relación con las normas y estructuras, mientras que la piel guarda relación con la protección y el afecto. Éstas fueron las primeras hipótesis que comencé a manejar y contrastar a través de aquello que anteriormente mencioné y denominé «el psicoanálisis físiquico». Durante varios años estuve contrastando tales hipótesis con diferentes grupos y en diferentes ciudades de España, cuando establecí esas asociaciones o conexiones analógicas hipotéticas. Pero los resultados fueron sorprendentes a la hora de sus confirmaciones espontáneas con grupos de diferentes edades, sexo y condición social en Madrid, Segovia, Bilbao, San Sebastián, Barcelona y Málaga, como grupos iniciales.

La metodología que aplicaba en cada caso, con cada grupo, era establecer la hipótesis general de las diferentes partes del cuerpo con esos tres aspectos de la mente (consciente, preconsciente e inconsciente), y después cada persona, en un tiempo de relajación acompañado de música, debía entrar en contacto con cada una de las partes del cuerpo que se les sugerían. Yo les proponía observarlas físicamente, tocarlas y dejar aparecer recuerdos, sensaciones positivas o negativas y fantasías. Al final del tiempo acordado, que era de un par de minutos en cada zona, se procedía a dibujarla. El orden de las zonas sugeridas era: las manos, los brazos, los pies, las piernas, la piel, los huesos, la cabeza, la espalda, el pecho, el vientre, el corazón, los pulmones, el estómago, el intestino, la vesícula y el hígado, el páncreas, el bazo, los riñones y los genitales. Además de ciertos recuerdos olvidados y relacionados con sensaciones en diferentes partes del cuerpo, también aparecieron «errores significativos» a la hora de dibujar cada zona en cuestión. Estos errores, al poner en común los dibujos para analizarlos en grupo, tendían a disculparse como falta de habilidad técnica para la expresión gráfica. Pero curiosamente, los errores nunca eran iguales en todas las partes dibujadas. Cada persona, dentro de su habilidad o dificultad característica a la hora de dibujar, generaba rasgos conflictivos y claramente diferenciados. Los mayores rasgos conflictivos, errores o expresiones gráficas disonantes con el resto del dibujo aparecían siempre en áreas de tensión, dificultad o enfermedad biológica. Así es como fui planteando un pequeño protocolo de observación aplicable de forma complementaria y referencial a cualquier tipo de diagnóstico físico, emocional o mental. Esto permitía concluir de forma clara que tendemos a proyectar inconscientemente en nuestras expresiones las tensiones, problemas o conflictos internos. Era una comprobación práctica objetiva de lo que Freud denominó «actos fallidos». Por supuesto, no se trataba de ningún descubrimiento, sino más bien de una confirmación. Todos los test proyectivos mantenían este elemento de referencia como base para su diagnóstico. No obstante, la mayor parte se orientaba sólo a procesos emocionales o mentales. Pero lo que hacía más interesante esta experiencia era la observación del paralelismo con procesos físicos más fácilmente contrastables. Tales hechos y rasgos resultaban curiosos al tratar con personas no expertas en medicina o psicología. Pero cuando eran profesionales de estas áreas quienes participaban en las dinámicas, las valoraciones se incrementaban de forma sorprendente.

Entre los años 2004 y 2006 impartí una serie de seminarios en el hospital Carlos III de Madrid. Uno de ellos, enfocado en la «risoterapia» y al que me refería en la introducción, coincidió con que estaba programado para llevarse a cabo dos días después de que ocurriera el atentado de Atocha, el 11 de marzo de 2004, sin ningún tipo de conexión inicial, pero algunos médicos y enfermeras de dicho hospital participaron en el trabajo con las víctimas y cadáveres, lo que llevó a interesar a los principales medios de comunicación sobre las aplicaciones prácticas de la risoterapia para la gestión emocional. Durante las tres horas de la primera sesión hubo cámaras presentes en el aula de los principales canales de televisión, con entrevistas en directo a algunos de los participantes, que dieron testimonio de la transformación de sus emociones por medio de la aplicación de las técnicas y códigos emocionales utilizados. Por aquel tiempo estaba terminando mi libro *Reír, para vivir mejor*.[11] En tales seminarios, dirigidos a personal médico y de enfermería, así como a otros trabajadores y funcionarios de la Comunidad de Madrid, tuve ocasión también de llevar a cabo muchas experiencias prácticas de las correspondencias que acabo de indicar. Entre otras, comprobamos los paralelismos y expresiones involuntarias que se daban, según las correspondencias que llevaba años observando y que anteriormente cité, a través de sencillos dibujos y curiosos errores producidos en éstos al representar determinadas partes del cuerpo. En al menos diez casos, diferentes miembros del personal médico y de enfermería observaron con asombro las coincidencias con diagnósticos hechos con anterioridad y no declarados en ningún momento durante estas prácticas. Para ellos no había ningún tipo de explicación. Pero la evidencia y precisión en los resultados les permitía descartar las coincidencias debidas a la casualidad.

Además de tales procesos de expresión gráfica, también he comprobado, en todos los casos que he venido tratando desde 1987, la conexión lógica imaginativa que cualquier persona es capaz de hacer entre una sensación más o menos dolorosa o perturbadora en

---

11. López Benedí, J. A. *Reír, para vivir mejor*. Ediciones Obelisco, Barcelona, 2005.

cualquier parte del cuerpo. Posteriormente encontré coincidencias relatadas por otros investigadores que hablaban también de este fenómeno, al que denominaban «Focusing».[12] Estas referencias me llegaron por primera vez en 1994 y para entonces yo había ido elaborando mi propio procedimiento, por lo que nunca llegué a adoptar esa denominación, pero sí me ayudó a reafirmarme en mi enfoque y metodología; el mismo que hoy en día forma parte de lo que ahora denomino «el código de las emociones».

---

12. Gendlin, E. T. *Focusing*. Libros Bantam, Nueva York, 1985.

5

El desarrollo
del lenguaje simbólico
imaginativo

Consideraremos ahora la mente preconsciente e inconsciente, como hemos ido viendo, desde la confluencia de las investigaciones que se desarrollaron a partir de las aportaciones de Sigmund Freud. Junto a ellas cruzaremos, metodológicamente, los datos más recientes aportados desde diferentes ángulos de observación, como son los de la hermenéutica, la antropología, la psicología y la neurología, fundamentalmente.[13] En este sentido, hemos de considerar que nuestro cerebro trabaja con un lenguaje propio asentado en las asociaciones y las analogías, por lo que conviene considerar tales conceptos.

---

13. Véanse las referencias bibliográficas de mi libro *El corazón inteligente,* Ediciones Obelisco, Barcelona, 2009.

Asociaciones

El concepto de «asociación» puede considerarse, a su vez, desde dos perspectivas ligadas a nuestro trabajo: la literaria y la psicológica.

- En literatura, se entiende por asociación aquella figura que consiste en decir de muchos elementos lo que sólo es aplicable a varios o a uno, ordinariamente con el fin de atenuar el propio elogio recibido o la censura que proviene de los demás.
- En psicología, pueden considerarse:
  1. La asociación de conducta, que consiste en la relación funcional que se establece entre un estímulo y una respuesta, como resultado de la experiencia.
  2. La asociación de ideas, que es aquella conexión mental que se produce entre diferentes ideas, imágenes o representaciones, por su semejanza, contigüidad o contraste.
  3. La asociación libre, como regla o procedimiento fundamental aplicada en la metodología terapéutica del psicoanálisis.

Desde la perspectiva psicoanalítica, existen dos tipos básicos de redes de asociación:

1. Las asociaciones secuenciales, que comienzan con un disparador, es decir, un elemento captado a través de cualquier medio de percepción sensorial, para generar una serie de registros, en los que se consideran todas las ideas que te vengan a la cabeza. A su vez, cada idea se convierte en el disparador de la siguiente, hasta que finalmente se alcanza una idea potencialmente útil.
   Veamos un ejemplo:
   Te propongo pensar en un conejo. El conejo puede asociarse al color blanco, por ejemplo, del cuento de *Alicia en el país de las maravillas*. Pensar en tal cuento nos puede recordar la infancia. De los recuerdos infantiles podemos destacar la alegría y ésta, a

su vez, nos puede recordar a una persona con la que estuvimos en el cine viendo una película cómica.

En función de nuestros intereses o preocupaciones presentes, nos detendríamos en el momento en que alguna de estas asociaciones responde, explica o se hace especialmente significativa.

2. La asociación centrada, que provoca la generación de múltiples ideas asociadas a un disparador inicial fijo, de modo que permite explorar un área particular de asociaciones. Si tomáramos en este caso la misma propuesta inicial del ejemplo anterior, el conejo, desarrollaríamos un listado de elementos o características ligadas exclusivamente a él, como pueden ser: el color blanco, el pelo suave, su pequeño tamaño, que come zanahorias, que hemos visto uno en una granja, que estaba en una jaula, que movía constantemente sus bigotes, etc.

Tales procedimientos asociativos pueden usarse también de forma combinada, como ocurre en ciertos ejercicios de improvisación teatral. En este sentido, la asociación secuencial nos permitiría «viajar» hasta encontrar una idea interesante, y una vez alcanzada podemos quedarnos centrados en ella para profundizar en sus detalles. Cuando ya hemos explorado la idea suficientemente, podemos seguir «viajando» de nuevo.

Para que estos procedimientos nos ofrezcan sus mejores frutos, conviene suspender en ellos los juicios de valor, sin detener el flujo de los pensamientos. Es decir, olvidarnos de si algo es moralmente bueno o malo, procedente o improcedente, apropiado o inapropiado. Las ideas espontáneas e imprevistas son totalmente aceptables y pueden llegar a convertirse en la clave del proceso, de cara a encontrar lo que estamos buscando o nos resulta valioso en cada momento. Para que tal estrategia, exenta de juicios de valor, sea posible, se requiere un entorno «seguro» donde no haya intereses ajenos al ejercicio implicados, como pudieran ser otras personas que se sintieran ofendidas por los resultados del proceso.

EJERCICIO:

Como propuesta experimental o de entrenamiento, te propongo seguir el hilo de las representaciones de cualquier cosa que tengas cerca. Mientras lo haces, localiza ideas que atraigan tu atención por ser especialmente duras, intrigantes, sorprendentes, etc. Aunque no parezcan especialmente apropiadas o vinculadas con tus intereses o problemas en este momento.

Te pongo un ejemplo. En mi mesa tengo una lámpara que me regalaron unos amigos con ocasión de mi ceremonia de matrimonio. Cada vez que la veo los recuerdo sonrientes, serenos, respetuosos. Inmediatamente llega a mi memoria una escena con ellos en la Feria del Libro de Madrid, compartiendo unos refrescos en una de las terrazas bajo el sol. Son momentos luminosos y alegres. Buenos tiempos vividos que contrastan de improviso con desencuentros y malentendidos en el ámbito de la pareja. Evocaciones de un pasado que se oscureció, junto con la añoranza de aquellos momentos de gozo. Pero vuelvo a ver la lámpara y la enciendo. Sonrío. Me entretengo contemplando sus formas y colores. Recupero la serenidad con nuevas escenas de aceptación, respeto y confianza que vinieron después. Diálogos tiernos de aceptación de los diferentes puntos de vista, objetivos y sueños a realizar en la vida, contemplando los ojos luminosos y la sonrisa de mi compañera-esposa. La belleza permanece y la esperanza alumbra de nuevo cada instante del presente en el que me propongo escribir y compartir mis experiencias, mis conocimientos, para que también otras personas puedan encender su luz en momentos de tristeza, soledad o añoranza, reconfigurando su vida. Cada trozo de cristal que conforma la pantalla de la lámpara, como actual mosaico luminoso, me recuerda una forma, un color, un instante del pasado, que actualmente configura mi experiencia, sensibilidad y sabiduría, pequeña o grande. Por todos ellos me siento satisfecho, agradecido, por iluminar mi momento presente. Y regreso a contemplar la imagen de los amigos que me regalaron la lámpara, agradeciéndoles su gesto de corazón.

Analogías

Las analogías son aquellos recursos que utilizamos cuando decimos que algo es similar a una cosa diferente en algunos aspectos, pero no en otros. Podemos decir, por ejemplo, que un submarino es como una ballena porque ambos pueden estar bajo el agua, pero son distintos por el sistema de propulsión que usan. Veremos algunos casos de analogías, de forma orientativa, sin que deba tomarse como estructura única y «verdadera». La idea es que desde estas propuestas elabores tus propias conclusiones y referencias.

- **La analogía personal.** John Tyndall, investigador y colaborador de Michael Faraday, consideraba que este último «escudriñaba en el corazón mismo del electrólito, tratando de hacer visible a sus ojos mentales el juego de su átomo». Podemos ver así un caso de analogía dentro del ámbito de la física, basada en la reflexión personal que hace un científico cuando trata de explicar a una persona ajena a su campo de investigación el trabajo de un colega al que conoce bien.
- **La analogía directa.** El matemático francés Jacques S. Hadamard dijo que «especialmente la biología puede ser un estudio excelente aun para los matemáticos, dado que pueden aparecer analogías ocultas pero eventualmente fructíferas entre los procesos de ambos tipos de estudio». Según Hans Reiser, Albert Einstein observó que el «juego combinatorio parece ser el rasgo esencial del pensamiento productivo». Y Alexander Graham Bell recordaba: «Me llamó la atención que los huesos del oído humano fueran tan voluminosos, en comparación con la delicada y endeble membrana que los accionaba y se me ocurrió que si una membrana tan delicada podía mover huesos relativamente tan voluminosos, por qué no iba a poder un trozo de membrana más grueso y voluminoso mover mi pieza de acero. Así fue concebido el teléfono». La comparación forzada por la analogía de una ob-

servación de un campo con la de otro campo de la ciencia tiende a generar una perspectiva o expresión novedosa de un problema, y muchas veces facilita su solución.

- **La analogía simbólica.** A diferencia de la analogía personal, aquí se usan imágenes objetivas e impersonales para describir el problema. Estas imágenes, aunque técnicamente inexactas, son estética o metafóricamente satisfactorias. Esta analogía simbólica es una enunciación muy comprimida, casi poética, de las implicaciones de una palabra clave seleccionada en relación con un problema o que tiene relación con él. Vemos algunos ejemplos. La palabra «cremallera» puede entenderse como una «segura intermitencia». En el caso de acercarnos al concepto de «mezcla» podríamos concebirla como una «confusión balanceada». El «ácido» se puede llegar a ver como un «agresor impuro». La «viscosidad», por otra parte, podría comprenderse como un «desplazamiento vacilante».

- **La analogía fantástica.** Es aquella que propone soluciones ideales, aunque pudieran ser inviables en un sentido práctico. Este tipo de analogías las encontraríamos, por ejemplo, en los ámbitos de la ciencia-ficción. Las novelas o películas de este género están repletas de ellas, especialmente cuando su finalidad es meramente el pasatiempo divulgativo o la diversión. Julio Verne elaboró analogías fantásticas muy conocidas en sus obras, que posteriormente permitieron llegar a auténticos descubrimientos científicos. La clave para desarrollarlas es dar por hecho que existe algún medio de hacer algo que no se sabe o no se puede hacer en ese momento, sin explicar o dar detalles de éste. Que pasado un tiempo se logre hacer, permite también comprobar lo importante que es la imaginación para el logro del descubrimiento científico.

Este tipo de analogía resulta muy operativa a la hora de resolver situaciones emocionales previamente codificadas. Más adelante concretaremos un poco más, a modo de ejemplo, el procedimiento de aplicación que desde hace años utilizo con éxito.

Daremos ahora un paso más desde las bases establecidas para elaborar la génesis y el desarrollo del lenguaje simbólico imaginativo.

Asentamiento y desarrollo de términos

Los términos símbolo, simbolismo y simbolización tienen una larga historia. La filosofía, la lingüística y el arte en general han hecho un amplio uso de ellos. Sus aplicaciones han sido diversas. El psicoanálisis, como ya vimos, se centró mucho en tales conceptos. Pero la simbolización en sí misma no depende del saber ni del conocimiento. Freud delimita su campo al proponer que lo simbólico, el acto de la simbolización, pertenece al trabajo del inconsciente, y que acontece entre representaciones imaginativas que se corresponden con la imagen visual del objeto y su asociación sonora en la palabra. También propone desarrollos que atestiguan un giro epistemológico para definir lo psicoanalítico. Enuncia así «la acción específica» y «la experiencia de satisfacción» como la primera descripción de la metáfora, fundadora de la división psíquica, esfuerzo de desalojo o represión, que «realiza» o se hace real en la inscripción psíquica, dando cuenta de este modo de la experiencia de una pérdida. Simbolizar implica tanto la pérdida como la sustitución. Con la idea de simbolización no llegamos a capturar lo que no es capturable, sino que nos proponemos un nombre para ese acontecimiento que pueda mediar o tender puentes entre la división de las instancias responsables de los sentidos, los síntomas, los sueños y los lapsus.

Muchos años después, Lacan plantea que el simbolismo es solidario con la represión, como sustitución de un significante por otro. De esta forma, lo que se suplanta se transfigura bajo el rango de significado y como significante latente perpetúa el intervalo en que otra cadena significante puede insertarse. La metáfora entonces habilita el acontecimiento en el que, desde el sujeto y desde el objeto, acontece la simbolización como pérdida y sustitución. Toda creación implica la dinámica de la simbolización, en cuanto que en ella se produce una sustitución, una transformación y una producción.

En cuanto a los afectos que no son reprimidos, plantea Freud que son como apéndices de lo reprimido, apareciendo sus efectos en el discurso y el síntoma. La vida misma depende entonces de una muerte, una pérdida radical para que el ser humano renazca a la vida psíquica. Vida y muerte se codeterminan y nos determinan en el hecho de desear lo que se pierde. La pulsión de vida y la pulsión de muerte se constituyen como dos caras de una misma moneda.

Desde la literatura, Tabucchi (2006) nos tiende una mano en este sentido cuando describe la evocación de un sueño propio. Señala que «evocar es llamar a la memoria, *ex-vocare:* llamar fuera». Tal llamada pasa a través de nuestra actividad sensorial. «La realidad que percibimos con los sentidos, mucho antes de que sea descifrada y elaborada por nuestras capacidades intelectuales, puede volver a presentarse al cabo de los años gracias a los sentidos que en su momento la percibieron: la vista, el oído, el olfato y el gusto –y agrega–, no se presenta en tanto principio de realidad, sino a través de nuestras vivencias, por utilizar la terminología del psicoanálisis».

En mi libro sobre la *Comunicación Integral* (López Benedí, 2013) hablo de la palabra como símbolo y que en nuestra forma de comunicación profunda se amplía como gesto, representación imaginativa y tonos de voz. Tabucchi (2006) retoma una expresión de Diderot cuando dice que «La entonación es la viva imagen del alma reflejada en las inflexiones de la voz» (Diderot 1767, citado por Tabucchi). Y citando a lingüistas deudores del círculo de Praga, como Iván Fónagy, añade: «Gracias a la entonación, la frase presenta un modelo vital, lo que confiere a la frase sonora un significado simbólico…» (Tabucchi 2006).

Nos recuerda Tabucchi (pág. 24) la naturaleza enigmática de la memoria sensorial, cuya intensidad vivencial está plasmada en forma «clamorosa» en Proust, pues «Toda la *Recherche* está fundada sobre la memoria del gusto de una *madeleine*». La simbolización es un proceso mucho más complejo que señalar el valor de un símbolo. En ella siempre se implica la represión, y ésta, como metáfora, da testimonio de un «no» prohibidor de la muerte. Por ello, el tiempo del inconsciente es el tiempo que sigue a continuación de tal muerte, y la codificación imaginativa convoca su «escucha latente» en todo momento de la vida. La simbolización es un trabajo sobre lo real, sobre lo que va a quedar por siempre fuera de la representación y que dibuja un acontecer tendente a la acción. Se encuentra así implicada en todas y cada una de las formaciones del inconsciente: lapsus, acto fallido, sueño, síntoma, transferencia. Podríamos decir que lo simbólico anuda la imagen con la palabra y con lo real.

La imaginación y las conexiones arquetípicas

Entenderemos los arquetipos como estructuras susceptibles de adquirir forma, al igual que aquello a lo que Aristóteles denominó la «materia prima». Pero sus potencias o impulsos, la materia que los constituye, no viene sólo de fuera, aunque tal influencia queda indudablemente aceptada, sino que también viene de dentro. Estos impulsos internos, como hemos ido viendo, tienen que ver con lo que Freud denominaba «pulsiones» y guardan relación con nuestros deseos y necesidades, en consonancia directa con nuestro cuerpo o estructura somática. El proceso básico lo encontramos reflejado en muchos ámbitos simbólicos de diferentes culturas y épocas, como puede ser la del mundo cabalístico, por ejemplo, con las tres letras madre del alfabeto hebreo. Éstas se consideran raíces fundamentales, que también Carl Jung asocia directamente con los arquetipos. Esto, al parecer, se refleja también en los tres primeros años de nuestra existencia como seres humanos. Pasado este ciclo de tres, postulado como evidencia observada por eminentes psicólogos, como Jean Piaget y la psicología evolutiva actual, nos encontraríamos con otro de siete años que marcaría ya una constante cíclica humana. En el cabalístico árbol de la vida, tras los tres primeros *sephirots* o impulsos emanantes de lo uno, el punto, el «Big bang» o la unidad de creación, aparecerían los siete siguientes, como los simbólicos siete días del génesis, a través de los cuales la creación se manifiesta. Existen muchísimas referencias de este tipo y sería demasiado largo analizarlas. Remito a quienes deseen ampliar la información a la extensa obra de Carl Jung, algunos de cuyos libros cito en la bibliografía.

Podemos entender que las emociones que se configuran a través de los procesos simbólicos de los sueños son una forma de exteriorizar todo aquello que normalmente no expresamos cuando estamos despiertos, pero que forma parte de nuestra íntima realidad. Nuestras representaciones imaginativas, nuestra fantasía, nos proporcionan un entorno seguro para dejar fluir lo que de otra forma tiende a quedar enquistado en nuestro interior. Explorarnos con la intención de progresar en nuestra codificación emocional, concediendo valor a nuestra fantasía, a nuestros sueños, se puede convertir en una guía muy útil, si seguimos el procedimiento adecuado.

La forma en que interiorizamos las relaciones o interacciones con el mundo, hasta que se convierten en símbolos oníricos, es decir, en el lenguaje de representación interna de las pulsiones o los impulsos arquetípicos, tiene que ver con los sentidos; con la percepción primaria sensorial, común a todos los seres humanos. Ésta es la conclusión contrastada a la que llegué después de una gran cantidad de casos tratados, como anteriormente referí. Curiosamente, en el cabalístico alfabeto hebreo se consideran tres letras «madre», que tienen valor triple, a la vez que actúan como raíces arquetípicas. Se asocian con los colores rojo, azul y amarillo, que son los colores primarios, desde cuyas combinaciones pueden obtenerse todos los demás. De hecho, ésta es la base para la composición de los tonos en las imágenes de la televisión. A su vez, estas letras y colores se relacionan con tres de los elementos: el fuego de la acción, el agua de las emociones y el aire del pensamiento. El cuarto elemento de la tradición clásica griega, la tierra, proporcionaría estabilidad a esta terna dinámica, que podemos apreciar también en el ciclo climático natural: el fuego del sol calienta el agua de ríos, lagos y mares, produciendo así las nubes que se acumulan como vapor en el aire, para caer después en forma de lluvia. Estas experiencias sensoriales simbolizadas, que se repiten constantemente para los circuitos neuronales del cerebro de todos los seres humanos, se van constituyendo en la base de nuestro lenguaje onírico. Después, según las diferentes culturas, épocas y experiencias personales, van matizando sus significados de manera preconsciente. Los símbolos van desarrollando, desde las combinaciones básicas, arquetípicas, estructuras más y más complejas, como ocurre con los colores. Pero también aquí, como hacen los pintores, podemos entrenarnos para descubrir las estructuras básicas y alcanzar de esta forma un significado universal. Estos significados universales son la base para profundizar en nuestro código de las emociones. Por medio de este lenguaje se puede interactuar con él, es decir, se puede llegar a reconocer y comprender; se pueden formular preguntas y lograr respuestas sabias como la vida misma nos muestra a través de aquello que conocemos como «intuición». Seguiremos progresando en esta línea.

Como ejemplo práctico de lo anterior, consideraremos una fantasía onírica que me contó recientemente un joven de Venezuela:

Soñé que estaba en una piscina cuyo piso era diagonal, estaba en la orilla porque era donde había menor profundidad. Luego caminé hasta la otra orilla por fuera de la piscina y me lancé, la piscina era más profunda de lo que pensaba, me lancé de pie a la piscina y cuando paré de bajar abrí los ojos y miré hacia abajo y todavía no lograba ver el fondo, el agua era azul y veía muy claro que arriba estaba mi abuela y un tío esperando que subiera, pero no lo hice. No sé sí me quedé sin fuerza, pero movía los brazos para impulsarme hacia arriba y me quedaba en el mismo sitio, de inmediato me sentí asfixiado.

Aquí vemos como predominante el elemento agua, indicando que hay una situación emocional mucho más intensa de lo imaginado que atrapa al protagonista y le hace vivir una situación estresante muy angustiosa, ante la que no goza de suficientes recursos personales para superarla.

El agua es un elemento claramente predominante en los sueños que libremente me envían desde diferentes países, con mucha mayor frecuencia entre mujeres jóvenes, aunque el caso anterior se corresponde con un joven. Pero veamos otro caso de un hombre de cuarenta y tres años, que me contó de forma personal en plena época de crisis financiera en España:

> Iba caminando por un desierto pedregoso. Una y otra vez tropezaba con las piedras, dañándome los pies hasta sangrar en algunas ocasiones. Al mismo tiempo soplaba un fuerte viento en contra que me impedía ver el camino y algún lugar donde refugiarme, por la polvareda que levantaba a su paso y cegaba mis ojos.

En este caso, la aridez del lugar denota falta de recursos materiales, a la vez que hay tropiezos dolorosos en los intentos de afrontar las dificultades materiales. El viento fuerte que ciega son los pensamientos del entorno social, que se constituyen en fuerte oposición por la negatividad o pesimismo transmitido a la hora de buscar o encontrar soluciones. En este caso, la ausencia de agua indica que la persona no está preocupada por las emociones, sino por el sentido práctico en su vida.

Las interpretaciones sugeridas, una y otra vez se confirman por parte de quienes me comunican sus sueños, en diferentes lugares, culturas y épocas, a lo largo de unos treinta años de experiencia. Esto me permite asentar y confirmar las claves de este código simbólico, teniendo en cuenta el elevado número de casos considerados en este tiempo, no sólo en consultas personales, sino también a través de los medios de comunicación de diferentes países de Europa y América (radio y televisión), así como consultorios escritos por colaboraciones con revistas, acrecentado en los últimos años a través de las redes sociales.

6

Liberación voluntaria de la sobrecarga

Cuando no conseguimos descargar el estrés de forma natural, necesitamos aprender ejercicios o actividades voluntarias que nos faciliten la recuperación del bienestar. En la actualidad hay mucha literatura disponible al respecto, así como referencias y recomendaciones a través de innumerables blogs y páginas en Internet. Pero todos soñamos cada noche. Todos tenemos representaciones oníricas que, según los neurólogos que estudian fisiológicamente estos procesos, oscilan entre cinco y ocho veces. Es decir, que cada noche vivimos unas cuantas historias oníricas, lo recordemos o no. Tales historias, tales sueños, tienen un sentido personal, como forma de desahogo, equilibrio y compensación de nuestras emociones, deseos y tensiones internas. Esto ocurre de diferentes formas; con diferentes códigos. Si comprendemos estos códigos y los hacemos nuestros, podemos llegar a utilizar voluntariamente esta fórmula operativa natural. Por ello mismo, nos detendremos un poco más en este punto, en el acercamiento a estos códigos naturales que actúan como un lenguaje propio; tal vez nuestro lenguaje original, como proponía en el primer capítulo.

Al hablar con quienes recuerdan sus sueños, se encuentran rasgos o procesos que se repiten, en diferentes personas, tiempos, culturas y continentes. Personalmente he tenido ocasión de comprobar tal hecho. Llevo muchos años escuchando a quienes me confían sus sueños para que se los interprete o les ayude de diversas formas, a través de consultas personales, programas de radio, televisión o comentarios por Internet. Lo he hecho y lo sigo haciendo en diferentes ciudades de Europa y América, además de las redes sociales que me permiten estar en contacto diario con personas de todo el mundo. Por ello, partiré de estas experiencias acumuladas a lo largo de los años para acercarme a la síntesis o el «aroma» de esa lengua primigenia. En esta ocasión lo haré centrándome en esos símbolos recurrentes que llamaron mi atención. Estimo que tal fórmula resultará de mayor interés para quienes se interesan por mis propuestas. Muchas personas podrán identificar con mayor facilidad sus propias representaciones o fantasías oníricas. Incluso habrá quienes logren recordar, con mayor facilidad, partes que parecían olvidadas en sus sueños.

En realidad, lo que iré exponiendo serán referencias parciales a los sueños. Es importante ser consciente de que los sueños son procesos mucho más complejos, y que su adecuada comprensión e interpretación deberá tener en cuenta esa complejidad y riqueza de matices. Muchos detalles se olvidan al despertar, sin embargo, en las consultas personales pueden reconstruirse con paciencia, para llegar al verdadero mensaje que se expresa desde lo más profundo de nuestra mente inconsciente.

Muchas personas, cuando me preguntan en programas de radio, televisión o en Internet, suelen decirme: «¿Qué significa soñar con un gato? ¿Qué significa volar o ser perseguido por un animal?». Pero estas preguntas, como digo siempre, no son auténticos sueños; no están completos. Tan sólo se refieren a ciertos rasgos puntuales. Para poder llegar al verdadero sueño e interpretarlo sería necesario «tirar del hilo» de tales indicios simbólicos. Es fundamental buscar asociaciones para encajar el ambiente, el antes y el después, además de concretar los diferentes detalles del símbolo. No obstante, ya que se muestra un marcado interés por esas referencias parciales, he ido ofreciendo algunas alternativas de significado. En este sentido, remito a mi libro: *Cómo interpretar los sueños,* de Ediciones Obelisco, donde explico la forma adecuada de proceder con las asociaciones y trabajar con los múltiples significados que ofrezco en el diccionario que allí aparece. No obstante, las explicaciones que iré dando aquí son ampliación del diccionario citado.

El código de volar

Soñar que volamos es bastante frecuente, independientemente de la cultura en la que se dé tal sueño y de los referentes personales, vivencias o creencias en las que nos encontremos inmersos. Es un sueño muy habitual. Yo mismo lo he tenido en repetidas ocasiones. En él podemos apreciar diferentes modalidades. A veces se sueña que estamos volando porque tenemos alas. En otras ocasiones podemos sentir que nos deslizamos sin más por el espacio, experimentando la ligereza de las nubes. Pero también es muy común soñar que volamos como si estuviéramos nadando en el aire, es decir, con los mismos movimientos que hacemos cuando nadamos en el agua.

He podido comprobar, en todos los países que he visitado, que este sueño es más frecuente en la adolescencia y la juventud. Después tiende a reducirse o a cambiar de forma. Suele comenzar imitando los movimientos de la natación y consiguiendo elevarse sobre el suelo después de una carrera o un impulso que se toma por cualquier otro medio. Es la respuesta más «razonable» o aceptable por parte de nuestra mente, ya que podemos establecer en ella asociaciones cotidianas. Después, sobre todo en las personas que practican la relajación o la meditación, en cualquiera de sus múltiples modalidades o técnicas, puede variar hacia el desplazamiento sutil, como si se tratara de una nube. En cualquier caso, las asociaciones que se establecen se relacionan siempre con percepciones de la vida diaria. Lo normal es que sólo sueñen con volar como si nadaran quienes saben nadar y lo hacen con relativa frecuencia.

El código de volar en sueños tiene que ver con superar limitaciones o liberarse de impedimentos a la hora de perseguir nuestros ideales, objetivos o metas. Tiende a ser un sueño de compensación y satisfacción, como respuesta a las frustraciones de la vida. A veces necesitamos abrirnos y respirar con libertad, ante la angustia de sentir nuestros deseos frustrados, por causas ajenas, externas, o por nuestro propio miedo a trabajar para hacerlos realidad. Es positivo, porque refleja el empeño que generamos para no renunciar a nuestros propósitos e ideales, pero puede conducirnos también a la trampa de quedar recluidos en la fantasía. Por ello, como consejo, si sueñas que vuelas, entrena «tus alas» cada día, en tus actividades cotidianas. Ahora bien, ¿qué ocurriría si nosotros mismos nos inducimos este código, nos imaginamos volando o fomentamos tal sugestión en una persona sometida a un trance o estado alterado de la conciencia?

Yo suelo utilizarlo frecuentemente en las sesiones personales, en el momento adecuado, cuando se han transformado o limpiado previamente los códigos de ataduras, pesos, angustia, opresión o malestar en general. Entonces, inevitablemente, se refuerza la sensación de liberación y se experimenta bienestar.

Presencia de códigos transculturales

Las diferentes culturas tradicionales, sus esquemas cosmológicos, muestran también planteamientos similares que han sido estudiados por eminentes antropólogos y que Jung rastreó magníficamente, como vimos, en conexión con aquello que denominó el «inconsciente colectivo» o substrato común de la humanidad. Tanto en Australia como en América, el Cáucaso, Grecia o Israel, entre otros, existen y pueden verse con claridad, dentro de sus mitologías, estructuras arquetípicas que también Jung detectó empíricamente en las manifestaciones mentales pictóricas u oníricas de sus pacientes. En ellos, según este eminente psicólogo, se podían apreciar tendencias con las que no podían haber estado en contacto cultural previo y que se correspondían con esquemas netamente orientales, como los mandalas, absolutamente impropios en las culturas occidentales, al menos en ese tiempo.

Todo esto quedará como una mera sugerencia. Podemos observar, en relación con estas estructuras arquetípicas, que se van desarrollando diferentes tipos de roles, en función de las interacciones que se realizan con el medio. En unas personas se dan de manera más compleja que en otras, confeccionando modelos que podríamos representar siguiendo el esquema de la tabla periódica de elementos que se maneja en la química. Desde el hidrógeno hasta los elementos radiactivos, se va aumentando en complejidad la posibilidad de interaccionar con el medio, debido a la potencia y asimilación formal de las diferentes estructuras posibilitadoras. Cuando las estructuras son muy complejas, los átomos parecen volar con suma facilidad, dando lugar a los cuerpos radiactivos, que entre los seres humanos serían aquellos que van dejando partes de sí mismos, de su simpatía, inteligencia o creatividad y afectando así a otros, marcando y transformando el medio en el que se encuentran. Para que todo lo anterior se dé en la dimensión física, se necesita de algo imprescindible: energía. Una persona con poca energía o vitalidad tiene pocas posibilidades de alcanzar un desarrollo complejo. Por otra parte, alguien que viva en un medio demasiado estable, donde no hay crisis, tiende a desarrollarse poco. Tales son las dos formas inmediatas de la energía: la interior o vitalidad y la exterior o presión del medio.

Podríamos entender y componer como modelo representativo que los roles se van estructurando en relación con un esquema básico, de madre-padre-hijo, en torno al punto central o chispazo originario. La madre, desarrollándose en la plenitud de lo femenino, se observa también bajo tres aspectos, derivados de la observación cotidiana de las mujeres: la doncella, la mujer fecunda y la anciana. Esto, evidentemente, se da y deriva de culturas elementales, de las llamadas primitivas. Nosotros hemos tendido a distanciarnos mucho de estos esquemas, por las relaciones abstractas que hemos ido desarrollando en medios urbanos. Sin embargo, podemos entender que de alguna manera permanecen en nuestra herencia cultural y genética, como potencialidades o tendencias arquetípicas. Lo mismo ocurre con el padre, en cuanto a las asociaciones psicoanalíticas del Superego postuladas por Freud. Vemos aquí también una trilogía en el aspecto masculino, que se relaciona con la asimilación y estructuración de lo social, racional o ajeno, al igual que lo femenino se encontraba vinculado con lo sensible, emocional, personal e íntimo. Las tres fases de lo masculino serían las del aprendiz o niño, el profesional o trabajador y experto, para llegar después al anciano o sabio.

El esquema analógico presentado puede seguirse dividiendo y estructurando hasta alcanzar cada uno de los tipos, caracteres o representaciones humanas concretas, partiendo siempre de la estructura arquetípica presentada y englobándose finalmente en el círculo de la totalidad envolvente, como resonancia del punto original, entendiendo así la expresión de «el alfa y la omega», el principio y el fin.

Pero se puede también presentar el esquema desde una perspectiva más sencilla, como evolución o desarrollo del individuo particular. Desde el nacimiento, como surgimiento posibilitador de la vida, se van dando una serie de etapas básicas que, aunque sean sumamente difíciles y hasta traumáticas en la primera fase de desarrollo, como el control de los esfínteres por ejemplo, se dan dentro de un ambiente ciertamente protegido. En la segunda fase se encuentra, en el intento de salir hacia el mundo, la presencia del rechazo más fuerte, que simbolizaremos por la bota que nos pisa. Cuando esto ocurre, cuando se vive la opresión, ¿qué opciones le quedan al individuo desde una perspectiva transpersonal? ¿Qué puede hacerse cuando la agresión llega al punto en que puede convertirse en exterminio?

Existen dos posibilidades, relacionadas con la descripción que hace Jung de la personalidad: la extroversión y la introversión. En el primer caso, la respuesta es la lucha contra el opresor, y en el segundo, la transformación interior de autosuperación creativa. Éstas son las dos formas en que yo planteo la comprensión del desarrollo personal frente o complementariamente con el compromiso social. Y no ha de ser una mejor que la otra, sino tan sólo dos opciones posibles, de entre las que cada cual tomará el camino que le sea fenomenológicamente adecuado. La mirada hacia el interior, como planteamiento opuesto a la guerra, no quiere decir sin embargo que produzca necesariamente la paz o el nirvana búdico de la ausencia de deseos.

Dejando a un lado la respuesta de lucha hacia el exterior, la revolución, de la que otros han hablado largamente a través de las diferentes etapas de nuestra historia, tomaré el camino de la transformación interior hacia la transcendencia o lo transpersonal. Cuando alguien decide que no puede o no desea enfrentarse al tirano y opta por dirigir su camino hacia dentro, necesita tener una forma adecuada para lograr que esa interiorización se convierta en desarrollo y no en enfermedad o locura. Alguien que se encierra dentro de sí y pierde toda comunicación con el mundo exterior se convierte en un enfermo. De ahí deriva incluso el término: en-fermar, en-cerrar. Tal encerramiento productor de crisis abre el camino de la terapia y los diferentes procesos a través de las técnicas de desarrollo personal. Otra alternativa es la sublimación de la pulsión frustrada o reprimida, que Freud describe como posible a través de la investigación científica o de la creatividad artística. En el primer caso se abriría una vía a través de la mente, de la racionalidad, para la energía bloqueada, y en el segundo sería a través de las emociones y la sensibilidad. Por supuesto, también el enamoramiento es bueno para resolver las crisis, cuando éste es auténtico y pleno, aunque dure poco tiempo.

Por cualquiera de estos caminos se van produciendo acercamientos a las raíces arquetípicas, como códigos emocionales dinámicos, en forma de procesos, o códigos específicos y monádicos. Podemos establecer así un paralelismo con las reglas gramaticales y las palabras que se utilizan en las lenguas que a diario usamos. Desde la antigüedad, este proceso de aprendizaje del código, se llevaba a cabo a través de ritos o procesos iniciáticos, cuya forma exterior ha estado representada por las religiones, aunque éstas han tendido a manipular el código originario para «cerrar filas» y crecer como grupo de poder frente a otros. Pero en estos medios se utilizaron siempre claves simbólicas transpersonales con el propósito de lograr la más profunda resonancia de los arquetipos hasta alcanzar la transformación continua de la persona, como «redención»; lo que ha dado en llamarse en otros ámbitos la «piedra filosofal», que puede transmutar el plomo de la opresión en el oro de la liberación.

Todos tenemos una serie de códigos referenciales heredados, de forma directa o indirecta, a través de la etapa de aprendizaje o socialización de la infancia, que se unen a los códigos arquetípicos, más universales, dependientes de nuestras estructuras básicas de percepción o conocimiento humano. Veremos a continuación algunos ejemplos de cada caso.

Como estructuras arquetípicas, comunes a todos por nuestra condición humana sensible, podemos ver los elementos físicos menos densos, que asociamos emocional o psicológicamente a la liviandad. De ahí viene el código de volar, como los pájaros, las nubes o el viento. Visualizando que nos transformamos en tales elementos, entre otros, inmediatamente generamos la sensación de liberación. Si estos códigos no nos liberan es porque tenemos algún tipo de «atadura» o «peso» que nos lo impide. Éste sería, por lo tanto, otro código arquetípico. Todos los seres humanos, en una u otra forma, hemos vivido tal experiencia. Incluso utilizamos cotidianamente el hecho de sujetar con un peso una servilleta de papel mientras desayunamos al aire libre, para que «no se la lleve el viento». Sería suficiente con preguntarnos o preguntar a la persona inducida por aquello que nos retiene para que tal imagen fuera tomando forma en nuestra mente. Por ejemplo, si yo te digo ahora «Imagínate que vuelas» pueden ocurrir dos cosas: que lo hagas sin ningún problema o que sientas que no puedes. En este último caso, te diría «¿Qué te impide volar?». La respuesta podría ser: «Peso demasiado», «La gravedad me ata al suelo», «Siento como cadenas en los tobillos», «Algo me oprime sobre los hombros». Cada persona encontraría su imagen codificada reactiva, como te ha ocurrido a ti mientras lees esto. Lo bueno es que una vez que aparece el código es posible actuar sobre él y modificar de inmediato tu estado emocional. Compruébalo. Si tu respuesta fue «peso demasiado», podrías imaginar un elemento mecánico habitual, como por ejemplo «un ascensor» o «un propulsor a reacción» o «un ala delta» a la que te unes por medio de un arnés y de la que algo o alguien tira con fuerza suficiente, como «un planeador» arrastrado por una avioneta hasta que logra la altura adecuada y se queda libremente suspendido entre las corrientes de aire. Seguimos utilizando referencias de nuestra experiencia sensible, que inmediatamente se convierten en códigos emocionales por asociación metafórica. Si tu respuesta hubiera sido «La gravedad me ata al suelo», podría aparecer la imagen de esa «atadura» en forma de «cuerda» o «cadena», por ejemplo. Siendo así, sería suficiente con que te imaginaras que alguien corta esa cuerda o cadena con una herramienta adecuada para que comenzaras a volar. Lo mismo ocurriría con «las cadenas en los tobillos». Si hubieras respondido que «algo te oprime sobre los hombros», yo te preguntaría «¿Es un objeto, un animal o una persona lo que te oprime?». Cuando pudiéramos imaginar el código con claridad, de inmediato podríamos generar una forma de contrarrestarlo, proveniente de nuestros recuerdos o experiencias sensibles.

En cuanto a los códigos heredados a través de la cultura, aparecerían referencias mitológicas o religiosas propias de nuestra educación infantil, según las creencias o costumbres del entorno en el que hemos vivido, así como el tipo de «cuentos de hadas» que hemos escuchado para dormir o la tradición oral correspondiente, basada en hechos históricos, puramente imaginarios o una mezcla de ambos, que identificamos como nuestras propias raíces antropológicas de pertenencia. En la religión católica, por ejemplo, hay muchas referencias a la vida de los santos, la apariencia de los ángeles o incluso del mismo Dios que, consciente o inconscientemente, nos condicionan en nuestra representación y valoración moral de nuestro mundo. Cada religión tiene sus propios elementos de referencia, aunque en otros casos sean más abstractos o se eviten las representaciones antropomórficas de lo divino. Cuando no hay representaciones en forma de estatuas o pinturas, existen edificios o símbolos geométricos que también actúan como códigos heredados. En otros casos, se trata de animales o fenómenos atmosféricos. El toro fue venerado ampliamente en el Mediterráneo, por ejemplo, desde hace más de diez mil años. Existen muchas evidencias al respecto. Lo mismo ocurre con determinadas plantas, como el laurel, que se convirtió en símbolo de conexión con lo divino debido a la costumbre de las pitonisas griegas antiguas de mascarlo en los templos para realizar sus oráculos.

En este sentido, se debe tener mucho cuidado y flexibilidad conceptual para no tratar de imponer nuestros propios códigos a otros. Nos guste o no, todos tenemos códigos de este tipo. Más recientemente, y desde la tradición sociopolítica antirreligiosa, se generó por ejemplo el código de «la hoz y el martillo». En los últimos tiempos, son las marcas y logotipos comerciales los que tienden a convertirse en códigos emocionales referidos a un determinado estatus socioeconómico, de género, de edad o de «tribu urbana». Todos ellos han ido generando anclajes emocionales de identificación. Muchas veces, por ello mismo, generamos inmediatas valoraciones sobre los que son «buenos o malos», «apropiados o inapropiados», en contraposición con otros. Es importante estar atentos y procurar evitar tales valoraciones, prejuicios o proyecciones para poder aprovechar adecuadamente estos códigos emocionales secundarios a la hora de favorecer los procesos de integración multicultural, así como para poder dialogar y transformar los procesos emocionales bloqueados, hacia dentro o hacia fuera, en nuestras relaciones intra o interpersonales. En este aspecto, es bueno recordar o repasar lo que veíamos en el segundo capítulo en relación con la inteligencia emocional, que como vimos se subdividía en estas dos vertientes: la inteligencia intrapersonal y la interpersonal.

La lógica de la imaginación

El lenguaje imaginativo tiene su lógica de funcionamiento, con algunos matices diferenciadores del lenguaje conceptual. Podemos tomar como referencia las películas de dibujos animados, donde los personajes usualmente hacen cosas que resultarían imposibles en la vida material, aunque son aceptables en el desarrollo del proceso representativo, cuando están en coherencia con esa «lógica de las conexiones imaginativas», o inaceptables cuando no la respetan. Del mismo modo, también se desarrollaron una serie de estilos literarios que tienen como propósito hacer creer a quienes leen el texto en cuestión circunstancias, hechos o escenas incompatibles con la realidad objetiva, pero con un grado de aceptación y verosimilitud que, en algunos casos, podía superar el de la objetividad científica. Entre tales estilos narrativos podemos citar el relato fantástico, la literatura de terror y el realismo mágico, por ejemplo. Para conseguir convencer de lo materialmente imposible, los autores destacados en tales géneros hicieron uso de una serie de claves asociativas, de una lógica de conexiones imaginativas que ha demostrado ser muy eficaz. A ella nos acercaremos como modelo estructural de ampliación con respecto a los códigos emocionales arquetípicos o de segundo nivel, que acabamos de considerar. De esta forma podremos tener una idea o comprensión más amplia que nos permita descubrir lo que nuestra mente es capaz de aceptar y lo que no. Una vez comprendido esto, nos será muy fácil entender mejor las aplicaciones prácticas del código de las emociones, así como su gran poder de transformación de unos estados emocionales en otros, unas creencias en otras, para lograr modificaciones en nuestra forma de concebir aquello que llamamos realidad. Ahora bien, esto no garantiza que se resuelvan nuestros problemas. En este punto alcanzaríamos también las claves de la eficacia a la hora de transmitir una propuesta manipuladora, que nos fanatiza. Pero el objetivo final en las relaciones de ayuda o apoyo ha de ser conseguir la coherencia plena entre los valores, vivencias, pensamientos, acciones y expresiones de la persona. Cualquier tipo de estructura ideológica, valores o creencias ajenas, por muy bien transmitido que esté a través de ese código de las emociones, generará disonancias o enfermedades, mentales o físicas, si no está en coherencia profunda con los auténticos valores de la persona. Tal recurso es la clave de construcción de todas las mitologías conocidas.

Paul Veyne (1983), propone que la construcción social del «discurso verdadero» presupone una gama de «programas de verdad» ligados a varios dominios ontológicos, como puede ser lo profano a diferencia e incluso en oposición a lo sagrado. En este sentido, el «mito» puede ser «verdadero» en la medida en que se trata como algo serio y se refiere a algún tipo de realidad. Esto es así aun cuando la creencia en él entra en conflicto con lo que en otro dominio ontológico es aceptado como verdadero. Por ejemplo, en el mito y su correspondiente realidad, las personas pueden estar dotadas de poderes que nadie podría imaginar tener en la vida cotidiana. Esto no implica que no haya distinción entre hechos y ficción, sino que lo que cuenta como un hecho puede estar relacionado con un «programa de verdad» específico. Estos «programas de verdad» se relacionan con los aspectos dinámicos o procesos que permiten el juego, la interacción y el desarrollo de historias vinculadas con los códigos arquetípicos o secundarios que veíamos antes. Estas estructuras relacionales o «reglas de funcionamiento» son códigos más complejos, que anteriormente comparé con las estructuras gramaticales de una lengua, frente a las palabras o léxico.

Estos procesos o conexiones lógicas imaginativas dinamizantes no son el resultado de estipulaciones o decisiones conscientes, sino que han surgido lentamente a partir de la práctica de la escritura de ficción. Al mismo tiempo, no son azarosas; son estructuralmente coherentes y funcionalmente pertinentes. Podríamos decir que surgen como resultado de ciertas reorganizaciones lingüísticas de un nivel profundo. Entendiendo estas peculiaridades dinamizadoras de los códigos emocionales como una alternativa del lenguaje, propia de la simulación o representación mental, Paul Veyne (1983) considera que esto implicaría que en algún nivel profundo la inmersión inducida por la narrativa verbal nunca es sólo proposicional, sino también fenomenológica e imaginativa. Con ello encontramos la coincidencia y justificación de la hipótesis que mantengo y he ido comprobando a través de la experiencia a lo largo de los años. La diferencia entre la narrativa de los hechos objetivos y la de ficción, que coincidiría en este caso con la propia del código emocional, podría explicarse a través del hecho de que una vez que la narrativa se libera de las determinaciones metodológicas del valor de verdad, el objetivo del proceso es cómo amplificarlo al máximo, cómo abrirlo o liberarse de las limitaciones. Aquí se encuentra la clave de su sentido terapéutico, redentor o creativo.

Por otra parte, podemos ver también que el relato es, para Paul Ricoeur (1985) imitación o representación de acciones, entrelazamiento de hechos y, por ello, está implicado en nuestra manera de vivir el mundo; contiene nuestro conocimiento práctico. Sostiene Ricoeur que hay una relación mimética o de imitación, entre el orden de la acción y el de la vida. Es un proceso de pensamiento que se opera en toda configuración narrativa y que se realiza en una «refiguración» de la experiencia temporal (Ricoeur, 1985: 9). Por ello mismo implica un trabajo comunitario de construcción de un mundo inteligible por medio de un conocimiento que es figurativo y lógico. Con ello explicaríamos la actualización de los sistemas de referencia moral a través de las emblemáticas sociopolíticas y las marcas comerciales, sobre los sistemas tradicionales míticos o religiosos, que han ido generando una diversificación confusa de valores en la que hoy, más que nunca, se precisa de coherencia. Y tal coherencia ha de provenir de la organización armónica de los códigos de cada persona, independientemente de las estructuras de coherencia mítica, religiosa, político-social o comercial en la sociedad correspondiente donde la persona viva. Por ello mismo, el desarrollo del código de las emociones con un sentido terapéutico o de ayuda a otras personas, o a nosotros mismos, ha de estar basado en la escucha respetuosa a la propia lógica interna de sistemas, capaz de generar coherencia. Una escucha más parecida a la de una melodía musical que a la de un discurso racional; una escucha relacionada con la inteligencia del corazón.[14] En contraposición, toda ruptura de esa lógica interna, de esa coherencia, generaría de inmediato bloqueos emocionales, contradicciones mentales o paradojas en el ámbito de los valores, que abrirían la puerta al engaño, la traición o la corrupción moral.

Pero antes de hacer extrapolaciones a los procesos sociales, que nos permitan acercarnos a explicar o comprender desde esta hermenéutica del código de las emociones ciertas crisis o paradojas en las que nos encontramos inmersos de forma global, restringiremos por

---

14. López Benedí, J. A. (2009). *El corazón inteligente*. Barcelona, Ediciones Obelisco.

ahora nuestro discurso y reflexión al ámbito de lo personal. Por ello mismo, seguirá siendo éste el medio de referencia para los casos y ejemplos que siguen.

En el apartado anterior veíamos los códigos ligados con la acción de volar como liberación de limitaciones o ataduras. Siguiendo esas mismas propuestas, nos centraremos ahora en la forma en que nos resultan aceptables intuitivamente esas conexiones imaginativas, de lo que podremos deducir las bases de la lógica interna de lo fenomenológico e imaginativo en la inmersión profunda hacia las estructuras arquetípicas propias del lenguaje de ficción que estamos vinculando con el código de las emociones. Para ello partiremos de un ejemplo muy sencillo, en continuidad con los que vimos antes: si nos imaginamos que no podemos volar porque tenemos «unas cadenas que sujetan nuestros tobillos», sería aceptable imaginar también que cortamos las cadenas con un rayo láser, pero no lo sería hacerlo con un cuchillo. Supuestamente, la imaginación nos libera de las limitaciones objetivas generando nuevos ámbitos de verdad, pero hay ciertos límites. Podríamos llegar a aceptar que las cadenas se rompan con una espada, si es un ser mítico extraordinariamente fuerte quien lo hace, aunque ninguna persona, por muy corpulenta que fuera lo pueda hacer. De hecho, tal caso aparece en mitos y leyendas de diferentes culturas. En la historia de España se cuenta que Sancho VII el Fuerte rompió con su espada las cadenas de los almorávides en la batalla de Las Navas de Tolosa, en el año 1212, incorporando éstas desde entonces al escudo de Navarra. Anteriormente, podemos encontrar la referencia mítica del dios griego Hefestos. Según ésta, forjó una espada capaz de cortar cualquier metal. Así podemos ver que es posible aceptar, en esta lógica de la imaginación, un hecho imposible justificándolo de forma extraordinaria o excepcional. No obstante, en la actualidad sería más sencillo hacer uso de la ciencia ficción. Éste sería el caso de los caballeros Jedi, de la serie de películas *La guerra de las galaxias,* que podrían cortar las cadenas con su espada láser. Como conclusión, una clave importante de la lógica de la imaginación o del relato fantástico, vinculada con el código de las emociones, es que pueden generarse hechos absolutamente extraordinarios si se encuentran suficientemente justificados. Tal condición la encontramos también en el origen de los «superhéroes» de los cómics.

Otro ejemplo de referencia importante y ampliamente comprobado por mí es que cualquier persona puede aceptar que se introduzca en su representación imaginaria algo que necesite, para cambiar o resolver cualquier circunstancia, siempre que tal elemento llegue desde o se encuentre a su espalda. Si el mismo elemento tuviera que aparecer por delante, ante la vista del sujeto en cuestión, necesitaría una justificación muy bien elaborada para ser aceptado. En cambio, cuando se propone que llega por la espalda se acepta directamente. Veamos un ejemplo de continuidad con lo anterior: imagínate que quieres volar, pero que unas cadenas te sujetan a la tierra. Te propongo que imagines entonces que te giras hacia atrás para encontrar allí una de las espadas láser de los caballeros Jedi, con la que podrás cortarlas fácilmente.

Antes de entrar en la inmersión lingüística del relato imaginario, para que ésta tenga validez plena como código emocional operativo, necesitamos hacer una alteración de la conciencia que nos libere de los códigos objetivos y puramente racionales.

7

El dialogo simbólico-imaginativo en la práctica

Seguiremos a continuación reflexionando desde una síntesis de experiencias vividas, contrastadas con algo de literatura especializada, para entrar después a considerar aplicaciones prácticas de los ejemplos y ejercicios propuestos con anterioridad. El objetivo es llegar a componer después los elementos esenciales de la técnica que llevo años aplicando con éxito. Para ello me centraré más, en este último capítulo, en ciertos casos de referencia y puntos específicos de éstos. De esta forma, me propongo mostrar cómo se aplicaría en ellos el desarrollo del diálogo simbólico-imaginativo, constructivo y coherente, que identifico con el código de las emociones, partiendo de la experiencia previa que demostró ser exitosa.

En cualquier caso, los aspectos más detallados los dejo para los talleres presenciales, puesto que nadie debería dedicarse a su aplicación definitiva sin una supervisión previa. Este código es muy eficaz cuando se aplica de forma correcta, pero en él están incluidos elementos difícilmente transmisibles a través de referencias meramente conceptuales, como son los tonos de voz y los gestos que adoptamos en el diálogo imaginativo y que constituyen un elemento no del todo voluntario, pero imprescindible para el diálogo completo con los elementos simbólico-imaginativos del código.

Como veíamos antes, el código de las emociones se convierte en una herramienta progresivamente más eficaz cuanto más nos sumergimos en las capas profundas de la mente, descendiendo desde la actividad razonadora, analítica y consciente del neocórtex, es decir, la corteza cerebral. En la zona intermedia de nuestro cerebro se encuentra lo que ha dado en llamarse el «segundo cerebro» o «cerebro emocional», como ya expuse con más detalle en mi libro *El corazón inteligente*.[15] En realidad, esta alteración de conciencia o descenso desde la corteza cerebral a la zona intermedia del cerebro es algo mucho más frecuente y natural de lo que se cree o tiende a parecer entre las personas no expertas. Cuando soñamos o fantaseamos despiertos, lo hacemos. Cuando nos dejamos llevar por recuerdos o evocaciones nostálgicas del pasado, también.

En mis libros *Regresiones*[16] e *Hipnosis y sofrología*[17] hablo con más detalle de estos procesos. Ahora bien, nos conviene conocer las posibilidades, limitaciones y riesgos del trance o de la alteración de conciencia. Sólo de esa forma podrá convertirse en un elemento de apoyo adecuado y medido para el uso que nos interesa, como amplificador y mediador a la hora de aplicar el código de las emociones.

Posibilidades, limitaciones y riesgos

Durante el proceso del trance o de la alteración de conciencia se produce un momento crítico, de vulnerabilidad y apertura. Esta vulnerabilidad es más intensa cuanto más profunda es la inmersión en la parte subconsciente de la mente, puesto que en ese momento se diluyen o eliminan las barreras o defensas naturales de ésta. Por ello mismo ha de actuarse entonces con especial respeto y delicadeza. La situación es muy semejante a la que se produce durante una operación quirúrgica. En ese momento se accede a la psiquis o mente profunda, lo más íntimo de una persona. Por ello debe haberse logrado antes un clima de confianza adecuado, que se corresponde con lo que se conoce como «transferencia» en el psicoanálisis. La relación previa, en el estado habitual de conciencia, ayudará o dificultará el estado de trance. Si ésta no es adecuada, se generan resistencias que dificultan o incluso llegan a bloquear el proceso. Cuando esta aceptación se produce, se observa un cambio en la postura de la persona tratada; se relaja. Sin embargo, la relajación no es imprescindible con anterioridad cuando se trabaja con el código de las emociones. Éste tiende a generar por sí mismo la confianza suficiente porque en él se respetan las defensas naturales a través de la simbolización imaginativa, que es la misma o muy parecida a la que se produce durante el sueño.

Ahora bien, cuando la inducción al estado de trance se produce por medio de ciertas técnicas agresivas, de imposición, muy comunes en la hipnosis tradicional, la persona puede llegar a sentir que está siendo dirigida contra su voluntad. Para poner un ejemplo, la diferencia puede llegar a vivirse como la seducción que despierta el deseo, en una relación amorosa, y la violación. De hecho, en las relaciones amorosas se dan los mismos procesos y esto nos permite comprobar y concluir que la habilidad, natural o aprendida, en el uso adecuado del código de las emociones es la clave del éxito en aquéllas. La vinculación existente entre ambos procesos tiende a ser

175

tan directa que en muchos casos se pueden llegar a confundir, lo cual daría lugar a situaciones problemáticas en el futuro. El hecho de que un paciente se enamore de su terapeuta pone de manifiesto que la transferencia ha sido mal gestionada. En este caso, quien realiza la terapia ha de asumir la tarea de poner fin a esta proyección de naturaleza amorosa o erótica. Gestionar el proceso adecuadamente es una de las tareas principales del terapeuta, quien debe ser consciente de este riesgo y tener cuidado para no avivar los sentimientos. Una relación terapeuta/paciente orientada hacia un vínculo amoroso, una relación sexual o de odio, representa un gran obstáculo en el camino de la sanación.

El psicólogo de la Universidad de Chicago, Mihaly Csikszentmihalyi (1997), introdujo un concepto interesante en este sentido, al que denominó «flujo»:

> El flujo es el estado en el cual las personas se hallan tan involucradas en la actividad que nada más parece importarles; la experiencia por sí misma es tan placentera que las personas la realizarán incluso aunque tenga un gran coste, por el puro motivo de hacerla. (Pág. 16)

El estado de trance puede verse como un estado de flujo, en este mismo sentido. En él se van proporcionando a la persona tratada los contenidos deseables o resolutivos, sobre los que previamente se ha conversado o que se construyen en forma dialogada en la misma sesión, comprobando así la aceptación de éstos. Para ello conviene preguntar frecuentemente: «¿Cómo te sientes entonces?». Sus respuestas serán de mucha ayuda para poder regular el procedimiento, suavizando, compensando o disolviendo por completo cualquier tipo de malestar que aparezca. Cuando no se tiene esto en cuenta, podrían producirse reacciones aversivas o de resistencia ante la propuesta, que llevarían a la persona en cuestión, en el mejor de los casos, a abandonar el trance. En un proceso de terapia, de larga duración, es conveniente que sea el propio paciente quien vaya relacionando los contenidos de la sesión, orientados hacia una liberación emocional específica, con otros aspectos de su vida.

Cuando el trance es muy profundo y se saltan las defensas naturales de la mente, la persona podría encontrarse con vivencias muy dolorosas reprimidas y aisladas que al activarse manifiesten conductas psicóticas. Éstas podrían llegar a ser sumamente peligrosas, tanto para la persona sometida al trance como para quien lo induce, especialmente si esta última se asusta y pierde el control de la situación. Tuve noticias de casos trágicos. Pero prefiero centrarme en el análisis de las propias experiencias. La primera vez que me encontré con algo así, afortunadamente en una forma muy leve, fue cuando comenzaba con este tipo de prácticas, a los quince años de edad. En ese tiempo tan sólo jugábamos entre los amigos, entusiasmados con la nueva herramienta que habíamos descubierto y que parecía otorgarnos «poderes extraordinarios» para controlar la mente de los demás. Las fórmulas de inducción que utilizábamos eran muy sencillas entonces y relacionadas con lo que yo ahora llamo la «hipnosis tradicional», tal y como nos enseñó un amigo, que a su vez había aprendido con un psicólogo amigo suyo. Por entonces pudimos comprobar que de entre todo el grupo, formado por unos quince o veinte amigos de ambos sexos, tan sólo tres o cuatro eran fácilmente hipnotizables. Una de las veces en que yo estaba induciendo al trance a una de las chicas que entraban en esta última categoría, inesperadamente comenzó a llorar de forma intensa. Estábamos solos y era de noche. Estos dos factores también posiblemente influyeron. El caso es que comencé a sentir miedo. No tenía forma de parar ese llanto histérico y cada vez me encontraba más preocupado de que algún adulto, ajeno a nuestros juegos, la oyera y me pidiera explicaciones. Pero me di cuenta de que dejó de seguir mis indicaciones. Tan sólo podía esperar a que terminara. Respiré profundamente y me contenté con decir, una y otra vez, que todo iría bien. No hubo contacto físico de ningún tipo. Después de un tiempo, que me pareció eterno aunque no duró más de media hora, ella se calmó y despertó. A partir de ese momento comencé a darme cuenta de que las cosas no eran tan fáciles como parecían y procuré informarme, a la vez que pensaba en alternativas para reducir los riesgos. Unas semanas después, otro amigo de los que más fácilmente conseguían entrar en un trance profundo nos dio una sorpresa: después de haber hecho unas regresiones en el tiempo, de unos días, semanas y años, se nos ocurrió avanzar hacia el futuro. Con el mismo procedimiento, avanzamos unos días, semanas y un año. Él tenía entonces diecisiete años. Cuando le dijimos que nos contara lo que hacía tras la progresión en el tiempo dijo: «Estoy muerto». Esa respuesta generó un temor que nos llegó a los huesos. Al día siguiente propuse un plan para cambiar los testimonios relatados y dio resultado. Hasta ahora, según mis noticias, sigue con vida. Éstos son dos casos leves, muy leves en realidad. Aunque podrían haber terminado mal si no hubiera conseguido retomar las riendas. Si esto ocurriera ahora, me parecería muy fácil resolver la situación sin inquietarme. Desde entonces me ha tocado encontrarme con quienes aseguraban estar endemoniados, poseídos o conjurados, incluso con efectos paranormales, con personas diagnosticadas de esquizofrenia paranoica, con personalidades múltiples y tendencias agresivas cuando aumenta su tensión interna por causa de un gesto, palabra o situación inadecuada. Pero en aquel momento, y en muchos otros después, me di cuenta de que el miedo, retroalimentado por el entorno, abre la puerta a un alto nivel de riesgo. Esta falta de control emocional y de respuesta resolutiva en un momento de crisis es el mayor de los problemas. En estos casos, el código emocional deja de ser un aliado para convertirse en el enemigo. ¿Cómo se pueden evitar y reconducir estas situaciones? En primer lugar, sabiendo que el riesgo existe y que se debe actuar siempre con mucho respeto y cautela, para no llegar a morir, literalmente, en el intento.

Antes de proceder con una inducción que conduzca a un trance profundo habría que tener garantías de los resultados. Y la mejor de todas las garantías es parar de inmediato el proceso y retroceder cuando se observen síntomas de alteración nerviosa o ansiedad, practicando previamente el autocontrol emocional y la transmisión de mensajes con un tono de voz pausado y sereno. El código natural de las emociones, ligado a un inmenso respeto hacia la mente profunda y la integridad, tanto física como moral, de la persona tratada, ha resultado ser el mejor salvoconducto. Cuando comprendí el procedimiento de la mente y de sus autodefensas de simbolización imaginativa a través de los sueños, me di cuenta de que había logrado la llave para evitar el descontrol emocional propio y ajeno. De estas claves he estado hablando a lo largo de este texto. Pero la auténtica garantía de comprensión y aplicación sólo se logra por medio de la práctica.

Todos tenemos recuerdos, episodios especialmente significativos y dolorosos, errores, sufrimientos debidos a vivencias objetivas o proyecciones imaginarias, conscientes o inconscientes. Cualquier momento de intenso dolor oculto y reprimido en nuestra mente es un riesgo potencial hasta que logramos liberar esa energía por medio de algún tipo de catarsis. Estas catarsis consisten en liberaciones espontáneas de energía emocional y básicamente se producen a través de cuatro modalidades: el llanto, la risa, el temblor y la rigidez.[18] Cuando los episodios vividos son inconscientes, se encuentran reprimidos, no sospechamos de su existencia. Sin embargo, tales puntos de tensión oculta dejan rastros. Freud identificó esos rastros como «actos fallidos». Las personas expertas en patologías mentales conocen bien los síntomas, diagnósticos y procedimientos. Esta advertencia no está dirigida a ellas, sino a quienes no tienen tales conocimientos y competencias. Para éstas, insisto, lo más prudente

---

18. Véase a este respecto mi libro: *Reír, para vivir mejor*. Ediciones Obelisco.

será retroceder al observar síntomas de nerviosismo, tensión o ansiedad en otras personas o en sí mismos y buscar la ayuda de una persona experta y adecuadamente cualificada.

Operativa de la alteración de conciencia

A la hora de inducir una alteración de conciencia, existe una especie de hoja de ruta o procedimiento genérico básico. Como síntesis, podemos comenzar por las respiraciones profundas continuadas, acercándonos en un grado mayor o menor, dependiendo de los casos, a la hiperventilación. Mientras esto ocurre, ha de pasarse progresivamente de la conciencia objetiva (volcada hacia lo externo) a la conciencia subjetiva (volcada hacia lo interno). Para ello se sugiere la observación de sensaciones físicas en las piernas, los brazos, la espalda, la cabeza, el pecho y el abdomen en contacto con la ropa, la silla, la camilla o el aire. Estas sensaciones se van asociando poco a poco con representaciones subjetivas, recuerdos y metáforas que irán elaborando la inmersión total en el código de las emociones. Esto se consigue cuando la persona, en forma dialogada, ha ido transformando las sensaciones físicas en emociones agradables o desagradables, que deben convertirse por completo en representaciones simbólicas imaginativas, con el mismo grado de detalle sensible que tenemos cuando nos encontramos con un objeto físico: forma, color, peso, temperatura, textura y relaciones con la persona y el entorno.

Existen diferentes técnicas que van siguiendo estos pasos de forma pautada, como la de Schultz, por ejemplo. Describo algunas de ellas en mi libro *Hipnosis y sofrología*.[19] La inducción dura aproximadamente quince minutos. Tal tiempo quedó establecido con cla-

---

19. López Benedí, J. A. *Hipnosis y sofrología*. Ediciones Obelisco, Barcelona, 1996.

ridad cuando sometimos el procedimiento a una observación cuantitativa con un equipo de investigación altamente especializado en diferentes áreas de la neurología del Centro Nacional de Parapléjicos en Toledo. Durante este tiempo, es importante pedir a la persona que vayamos a inducir que mantenga la misma posición, que permanezca inmóvil, ya sea como fruto de la relajación o de la voluntad de ésta. En ese sentido, ayuda mucho que la posición de partida que adopte sea lo más cómoda posible.

Cuando no se tiene mucha experiencia, conviene establecer pautas o referencias de comprobación del estado alcanzado a través de sugerir códigos de respuesta involuntarios, como puede ser: «Cuando llegues al estado de trance se te moverá el dedo pulgar de la mano izquierda» o «se te levantará el brazo derecho». Esto mismo sirve para dejar constancia ante testigos ajenos, si tal evidencia se requiriera por algún motivo.

Para profundizar en el trance se puede usar la técnica de «descender por una escalera» o «flotar en el aire como una nube», dependiendo de los casos y el objetivo posterior que se desee alcanzar. No obstante, también puede partirse de algún sueño o representación imaginativa intensa que la persona recuerde, poniendo en ella detalles sensoriales concretos. Conviene incluir entonces la presencia o la llegada a una puerta imaginaria que se abre hacia un espacio diferente. Este espacio nuevo debe ser descrito con el mayor detalle posible por parte de la persona inducida y convertirse en camino que conduce a la meta a alcanzar, adecuadamente codificada por una metáfora. La puerta es un elemento importante porque señala el cambio de dimensión imaginativa o de representación subjetiva, entre un estado de conciencia y otro. Es importante insistir en las referencias luminosas o iluminar cualquier punto sombrío para retroalimentar sensaciones agradables, de confianza, seguridad y orden o claridad mental.

El regreso a la conciencia objetiva

Como pauta general, el regreso debe hacerse recorriendo el mismo camino utilizado para la inducción pero a la inversa. Ha de volverse a pasar la puerta, subir las escaleras o descender hacia el suelo, para volver a sentir el cuerpo e insistir en las sensaciones físicas que lleven finalmente a mover los dedos de las manos y los pies, los brazos y las piernas, estirarse en general y abrir los ojos. Seguidamente conviene comentar la experiencia para aclarar cualquier recuerdo confuso, si lo hubiera. Lo normal es que la persona en cuestión salga del trance con una fuerte conexión interna, unida a una sensación agradable de alivio y bienestar. La mayor parte de las veces, se regresa con un deseo de silencio y cierta dificultad para analizar conceptos. Suele resultar más fácil describir sensaciones que analizarlas. Como sugerencia básica, es importante que la persona se conceda un tiempo para «habitarse en su intimidad», desde el recuerdo de lo vivido en la sesión. Una buena forma de hacerlo es caminar tranquilamente, en un estado de «flujo contemplativo sonriente». Con esta expresión me refiero a caminar observando el entorno disfrutando de las sensaciones de color, formas, expresiones de las personas, paisajes, diseños de edificios o sonidos circundantes, sin detenerse en ninguna de ellas, mientras se deja que la imaginación fluya entre los recuerdos agradables. En estas circunstancias, lo normal es que aflore una sonrisa. Pero si no fuera así, ayudaría el hecho de abrirse voluntariamente a una alegría serena. Un tiempo después, al llegar a casa, conviene escribir los elementos más importantes para fijarlos en la conciencia y cada cierto tiempo cerrar los ojos y revivir íntimamente las sensaciones agradables asociadas a las imágenes principales de lo experimentado en el trance.

Algunos casos

A continuación haré una sucinta mención de algunos de los casos en los que apliqué la técnica, para terminar con detalles especiales de algunos de ellos:

1. Citaré en primer lugar el caso de un hombre de cincuenta y cuatro años de edad, residente en Gotemburgo (Suecia). Su profesión originaria era la de arquitecto, pero se encontraba impartiendo clases de dibujo en un centro de formación profesional de la ciudad de la citada. Allí es donde me conoció en una conferencia que impartí en el año 2014 y me expuso su caso buscando mi ayuda. Presentaba unos síntomas de ansiedad relativamente controlada. Su apariencia era la de un hombre sereno, amable y culto. Aparentemente nadie le atribuiría ningún tipo de trastorno. Sin embargo, se encontraba preocupado por una caída localizada de cabello, que le generaba unas calvas elípticas en la parte posterior de la cabeza. Éstas no eran perceptibles a no ser que expresamente las mostrara. El caso es que comenzó a preocuparse por este hecho coincidiendo con una tensión que se produjo en su lugar de trabajo. Él quería saber, en principio, si podía existir alguna relación. La situación problemática se generó a raíz de un malentendido grave que fue creciendo con opiniones y proyecciones de terceras personas, a propósito de una alumna suya. A sus espaldas se desató un rumor, entre sus compañeros de trabajo y alumnos, en el que él veía afectado su honor y profesionalidad. Cuando escuchó el rumor, después de seis meses de elaboración libre, se había convertido en una noticia completamente falsa y sin relación con hechos reales. Pero no consiguió aclarar ni resolver el asunto, por lo que entró en una pequeña depresión, junto con una gran ansiedad, que él procuraba controlar socialmente. No obstante, parecía estar manifestándose a través de esas caídas parciales de cabello en algu-

nas zonas de la parte trasera de su cabeza. Dado que a él le gustaba cuidar su apariencia, me propuso hacer algo para evitar esas extrañas y muy localizadas pérdidas de cabello. Tuvimos una sesión en la que apliqué el método de la codificación emocional para desvincularlo de su malestar. En primer lugar, le hice observar y dar una forma imaginaria a la tensión que le producía la aparición de esas calvas en su cabeza. Después fui transformando estas formas hasta lograr su completa disolución. Dado que el objeto imaginario que aparecía tomaba el aspecto de un cuerpo extraño y con ramificaciones, que afectaban a otras partes del cuerpo, aunque estaba alojado en la parte posterior de su cuello, apliqué un modelo de código emocional asociado a la representación de un procedimiento quirúrgico. Después de extirpar aquello y regenerar sus tejidos internos, le hice sentir que se elevaba y que su cuerpo crecía sin límites, para inducir la sensación de liberación a la que me referí con las explicaciones y ejemplos del capítulo anterior. Posteriormente, lo situé mirando a los ojos de todas y cada una de las personas implicadas en el rumor que se había generado unos meses atrás en su trabajo, hasta que los sentimientos hacia cada una de ellas se convirtieron en afectivamente positivos. Al terminar se sentía muy bien. Un año después coincidimos de nuevo en otra conferencia que impartí. Le pregunté por la situación y me dijo que ya se encontraba perfectamente. No se habían podido aclarar satisfactoriamente los comentarios y rumores que dieron origen a su malestar, pero desde que tuvimos la sesión dejaron de tener importancia para él, desapareciendo consecuentemente todos los síntomas asociados. El pelo había vuelto a crecer con normalidad en las zonas afectadas.

2. El siguiente caso es el de otro hombre, de sesenta y siete años de edad, también residente en la ciudad de Gotemburgo (Suecia). Su mujer me llamó por teléfono solicitando una ayuda desesperada. Llevaba varios días con diarreas y en el hospital no logra-

ban cortarlas. No sabían lo que le pasaba. Ya había adelgazado ocho kilos y su esposa temía por las consecuencias del proceso. Tuvimos una sesión en la que indagué, a través de la codificación emocional, sobre las asociaciones inconscientes relacionadas con aquellos síntomas. Él describió su malestar como un objeto en el vientre, que tenía ramificaciones hacia el pecho. Tras proceder a limpiar esas sensaciones internas, entró en un estado regresivo para trasladarse a su adolescencia. En ella apareció la muerte de un amigo de la infancia, con el que solía jugar al fútbol. A través del mismo método resolvimos ese duelo oculto, transformando la sensación de oscuridad y temor asociada a aquel recuerdo que lo mantenía anclado sin que jamás hubiera mencionado el tema a nadie. Sus síntomas desaparecieron por completo. No consideré necesario saber por qué se había presentado en esa forma y en ese momento. Lo importante era resolver la situación con la mayor rapidez posible y así sucedió. Su comportamiento cambió inmediatamente hacia una visión más optimista y alegre de la vida. A través de ella pudo afrontar de una forma diferente una situación de dependencia que se había producido con su antiguo puesto de trabajo, aunque ya se encontraba jubilado, y que le generaba cierto estrés. A partir de aquel momento desaparecieron por completo los síntomas y tanto él como su familia quedaron muy contentos. Su esposa me manifestó ampliamente su gratitud y también quiso que la tratara de otros síntomas.

3. Me presentaron, en otra ocasión, el caso de un adolescente nacido en Suecia. Estaba terminando sus estudios con ciertas dificultades de concentración y escasos resultados. Había perdido a su madre en un accidente de tráfico cuando tenía tres años. A partir de entonces había vivido atendido tan sólo por su progenitor, que había centrado en él todas sus atenciones. Este último me dijo si podía tratarlo porque lo notaba triste y él lo asociaba al hecho de no haber podido conocer a su madre, sintiendo conti-

nuamente su ausencia. Tuvimos una sesión en los primeros meses del año 2014. A través de ella, en la aplicación dialogada del código, reconfiguré sus emociones desde las vivencias imaginativo-sensoriales asociadas. Después lo ayudé a construir la imagen de su madre a través de la codificación simbólica, para que pudiera hablar con ella. En ese diálogo él escuchó las palabras y encontró las sensaciones afectivas que le hubiera gustado experimentar, a través de abrazos y caricias, por lo que se había generado una gran frustración. El resultado fue completamente satisfactorio y desapareció de forma definitiva ese estado de tristeza. Posteriormente el bienestar se mantuvo, confirmándolo así en las diferentes ocasiones en que volvimos a encontrarnos durante el año que siguió a aquella sesión.

4. A finales del año 2013 me presentaron en la ciudad de Gotemburgo (Suecia) a una mujer de origen polaco y de profesión psiquiatra, a la que le habían hablado de mi método. Me pidió tener una sesión conmigo para probar en ella misma la experiencia. Me dijo que había perdido a su madre y que no había superado el dolor emocional de su ausencia. Cuando procedí a codificar su emoción para transformarla, ella sintió un alivio inmediato de los síntomas y se quedó muy sorprendida. En este caso no hubo ningún tipo de inducción previa. Directamente puse mi mano en su cabeza y le pedí que fuera dando forma a las sensaciones y representaciones mentales. Asociando imágenes y sensaciones corporales, en una secuencia de transformación dialogada, quedaron completamente aliviadas éstas. Desapareció de inmediato la sensación de angustia latente, que desde hacía tiempo mantenía y que los medicamentos que tomaba tan sólo adormecían pero no lograban disolver. Ante la sorpresa de los resultados, quiso aprender la técnica. Como curiosidad anecdótica, recojo su comentario final: «Esto es como lo que hacía Jesucristo en sus milagros». Naturalmente, yo no tenía nada que decir al respecto y jamás se me hubiera ocurrido hacer una asociación de ese tipo.

5. A principios del verano del año 2015 atendí a otra psiquiatra, esta vez en Madrid. Había intentado suicidarse después de entrar en una crisis de ansiedad intensa, debido al estrés acumulado en su trabajo. Estaba medicada y sus expresiones verbales y conductas eran parecidas a las de una persona medio dormida. Cuando le pedí que cerrara los ojos y me dijera lo que veía, tan sólo me describía imágenes de suicidio, arrojándose desde diferentes lugares. Sin ningún tipo de inducción ni relajación, le sugerí que fijara una de esas escenas y me describiera todos los detalles de ésta. Me dijo que se veía en la azotea de un edificio, con intención de tirarse desde ella. La situación imaginaria se producía en la noche, aunque la sesión tuvo lugar a primeras horas de la tarde y con la habitación muy bien iluminada por la luz natural que entraba por la ventana. Le pedí que se imaginara que caía al vacío. Entonces ella se veía morir y liberarse por completo de la situación de angustia que la oprimía constantemente. Su creencia era que no había nada más allá de la muerte, por lo que veía ésta como liberación. Propuse entonces que retrocediera a cámara lenta. Cuando se imaginaba que caía muy despacio, le pregunté por los pensamientos y sensaciones que tenía. Entonces me dijo que sentía miedo de llegar al suelo y que no muriera con el impacto; que la caída la dejara parapléjica. Aproveché ese miedo para retroalimentar la idea de que intentar suicidarse podía ser un grave error, que generara un problema mucho mayor que aquél del que trataba de liberarse. Una vez asentado esto, le hice retornar al punto de partida para desarrollar en mayor profundidad la reconversión de su proceso a través del código emocional. Conseguí convertir la oscuridad en luz y a partir de ahí que comenzara a volar hacia arriba, experimentando liberación. Funcionó correctamente y se fue sintiendo cada vez mejor. Entonces le propuse pasar una puerta hacia su futuro y le pregunté cómo se veía. Su respuesta fue: «Me veo haciendo *footing*». Esa respuesta espontánea fue la comprobación de la transformación de su

estado emocional. A partir de ahí, recodificamos su futuro profesional y recuperó el deseo de volver a trabajar para seguir ayudando a otras personas.

6. Una mujer española de treinta y cuatro años me pidió una consulta. Su marido acababa de suicidarse en su casa y sentía terror de volver a ella. Ya había experimentado con anterioridad mi método y se había sentido muy bien. Pero ahora la solicitud de ayuda no era sólo por el proceso de duelo. En los servicios sociales ya le habían asignado un tratamiento de psicoterapia y psiquiatría. Quería que la sesión tuviera lugar en su casa, a la que no había vuelto desde antes del suceso. De esa manera pensó que podría transformar su estado emocional y los vínculos con el entorno. La relación que habían mantenido en la pareja en los últimos meses había sido muy conflictiva, debido a unos celos obsesivos por parte de él. Tal situación había derivado en episodios puntuales de maltrato físico que, según testimonio de la interesada y otras personas que los conocían, no se correspondían con el carácter amable y pacífico original del difunto. Parecía que «se le hubiera metido un espíritu maligno en el cuerpo», según decían. El caso es que en determinados momentos sus conductas producían la impresión, en las personas con las que trataba, de que se encontrara fuera de sí. Se comportaba como si fuera alguien completamente distinto, según los testimonios. Ella se había ido, por temor a las agresiones físicas, a vivir fuera del domicilio conyugal. Cuando él se quedó solo, su estado se agravó hasta el punto de desencadenar el fatal desenlace. Pero antes de producirse el hecho había ido transmitiendo en su entorno la idea de que su mujer era la responsable exclusiva de su situación. Sin embargo, ella me expresaba con lágrimas en los ojos que lo seguía amando profundamente y que sólo deseaba lo mejor para él. Por ello mismo, la explicación más adecuada para justificar los acontecimientos era la de un espíritu que lo hubiera poseído. Ésa era la forma que tomaba el código imaginativo en ella, por lo que no había

que entrar en discusión sobre la posibilidad de que realmente existan espíritus que pueden tomar posesión de la mente y el cuerpo de otras personas, que es una cuestión de creencias, sino aprovechar tal propuesta exclusivamente como código emocional que ofrece una alternativa de diálogo y transformación. Y así lo hice. El encuentro en su casa era una especie de exorcismo en relación con aquel supuesto espíritu sombrío. En su mente existía la posibilidad de que se hubiera quedado su influencia en la casa y le hiciera daño a ella, de alguna manera. Cualquier tipo de ritual popular o religioso hubiera sido aceptado en estas circunstancias, y tal vez hubiera generado también un efecto positivo, si hubiera sido dirigido por una persona experta y bien intencionada. Estos rituales son formas que se han usado históricamente para trabajar con el código de las emociones. De ello se dio cuenta Franz Anton Mesmer, en el siglo XVIII y trató de buscar una explicación científica a través de lo que él denominó «el magnetismo animal». Hablo de ello en una forma más amplia en mi libro sobre la hipnosis.[20] Mi planteamiento actual queda mejor definido por el «código de las emociones». Este código nos permite centrarnos en las estructuras simbólicas, independientemente de las creencias y las experiencias o circunstancias observables físicamente de las personas. En este caso, me permitió codificar las emociones internas para transformarlas, así como las sensaciones proyectadas hacia la casa y sus diferentes rincones, hasta que éstas quedaron también disueltas, sin utilizar ningún tipo de gesto, utensilio o desplazamiento físico en el lugar. Era suficiente con trabajar esa codificación en la representación interna de ella, a través de una alteración de su conciencia que permitiera focalizar operativamente sus emociones y sensaciones. Una vez aplicado el procedimiento dialogado en ambos sentidos,

---

20. López Benedí, J. A. *Hipnosis y sofrología.* Ediciones Obelisco, Barcelona, 1996.

interno y externo, y comprobado que las sensaciones y representaciones se habían transformado por completo, el proceso quedó concluido satisfactoriamente no sólo en su mente, sino también en la de otros familiares y amigos que estaban presentes, aunque no trabajara directamente con ellos.

7. Una mujer sueca de sesenta y nueva años solicitó probar mi método por recomendación de otra persona. Vivía sola y se encontraba muy deprimida. En realidad no había ningún motivo en especial, salvo su relativa y voluntaria soledad, que justificara su malestar. Comentó que tenía un amigo muy amable, que la trataba con cariño y delicadeza. Pero a ella no le apetecía salir, aunque aseguraba que con él se encontraba muy bien. Tenía la costumbre de apuntar algunos de sus sueños y le pedí que seleccionara un par de ellos para la sesión. El primero estaba ambientado en una casa que parecía ser la suya, aunque en realidad no lo era. En el exterior había un par de ratoncitos, que ella consideraba simpáticos, correteando por el jardín. Tomó uno de ellos, que era blanco y lo metió al interior de la casa. Ella tenía en su habitación una mesita para tomar el té y un sillón, donde se encontraba muy a gusto. Había también una cajita decorada donde guardaba pequeños recuerdos. Dejó que el ratón jugara por allí. Pero después el roedor aparecía muerto y ella lo metía en la cajita de los recuerdos. La forma de aplicar el código de las emociones para interactuar con el sueño es, en primer lugar, pedir a la persona en cuestión que se centre en él y amplíe los detalles de éste. Esto no resulta fácil si no se facilita una guía. Por ello mismo, yo fui haciéndole preguntas comenzando por la primera escena. Estas preguntas eran del tipo: «¿Es de día o de noche?, ¿cómo vas vestida?, ¿cómo son tus zapatos?, ¿qué colores predominan en la parte exterior de la casa?, ¿y en el interior?, etc.». Cuando ya se centró la escena con el mayor detalle posible, comenzó el proceso de detección de sus estados emocionales con respecto a los diferentes elementos. Cada vez que encon-

traba una emoción negativa, le ayudaba a situarla en el cuerpo. Seguidamente le dábamos forma hasta conseguir fijarla y posteriormente extirparla simbólicamente, como si se tratara de una cirugía luminosa. Tras ello, confirmaba que la emoción negativa había desaparecido y comprobaba los cambios que se habían producido en el entorno de la escena del sueño. Finalmente, cuando todos los elementos generaban sensaciones positivas, agradables, pasamos al otro sueño para proceder del mismo modo. En el segundo, aparecieron algunos recuerdos asociados con la infancia y la relación con su madre. El interés de éstos no era proceder a ningún análisis ni elaborar juicio alguno con respecto a su pasado. Tampoco tenía importancia si los recuerdos eran reales o estaban reelaborados por medio de la fantasía. El objetivo seguía siendo transformar las emociones asociadas por medio de este código, hasta conseguir que todo «se limpiase» y adquiriera un nuevo orden agradable. Al conseguirlo, se iba fijando por medio de refuerzos y anclajes emocionales. Después procedí a sugerir que se encontraba volando, que se distanciaba de aquellas escenas con sensaciones de mayor ligereza y libertad cada vez. Finalmente, retornaba a su entorno cotidiano real y le sugería que se viera a sí misma y a otras personas, hasta despertar sentimientos de ternura, cercanía y confianza. Desde ellos le hice volver a tomar conciencia de su cuerpo físico, abriendo los ojos con una agradable sonrisa. El resultado fue positivo y volvimos a encontrarnos un par de veces más en los meses posteriores.

8. Una mujer de sesenta y siete años, residente en Florida (EE.UU.), conocedora del éxito de mis sesiones, me pidió tener una. Ella jamás se había sometido a ningún tipo de psicoterapia; nunca lo había necesitado. Siempre había vivido, desde que nació, en un ambiente muy protegido, acomodado y libre. Cuando murió su padre, que siempre fue su ídolo protector, ya tenía un marido al que igualmente admiraba y la protegía. Pero este último también

había muerto, y por primera vez tenía que tomar decisiones referentes a los negocios de los que vivía, lo cual le generaba un alto grado de estrés. Como es normal, había somatizado el estrés a través de una serie de contracturas en su cuello y sus hombros que le generaban innumerables molestias, repercutidas después a través de la columna vertebral. Las observaciones médicas no habían detectado ningún problema definido, y el diagnóstico coincidía con molestias generadas por el estrés, para lo que debía tomar tranquilizantes o relajantes musculares. Pero ella temía generar algún tipo de dependencia química o consecuencias derivadas de los efectos secundarios de los medicamentos. Por esta razón quiso probar mi método. Siempre había practicado deporte como aficionada y deseaba seguir manteniendo su cuerpo en las mejores condiciones físicas posibles. Al comenzar tenía muchas dudas sobre su capacidad de relajación y concentración. Era una mujer activa y de temperamento más bien nervioso. Le expliqué que no debía preocuparse por ello. No tenía que intentar relajarse ni concentrarse de ninguna manera especial, sino que dialogaríamos con naturalidad. Ella tan sólo tendría que ir respondiendo a mis propuestas como si estuviéramos jugando, de la misma forma en que ella jugaba con sus nietas. Eso la predispuso favorablemente y permitió que se relajara y sonriera, sin hablar directamente de relajación ni hacer uso de ninguna técnica que ella pudiera reconocer como tal. De esta forma evitaba sus prejuicios, temores o resistencias, enfocando el ejercicio hacia una actividad que le resultaba muy conocida y entrañablemente afectuosa, como era jugar con sus nietas. Tal referencia me la había dado ella misma al comenzar a hablar, de forma libre, espontánea y casual. Por ello le sugerí entrar en el código emocional representando sus sensaciones y molestias como si se parecieran a alguno de los muñecos o juguetes que utilizara para divertirse con sus nietas. Y así lo hizo con toda facilidad. Imaginó que tenía en la parte posterior de su cabeza, cuello y espalda un muñeco grande que alguien presionaba por detrás y hacía que se le clavaran los adornos metálicos y de plástico rígido de éste. Al sugerirle que visualizara la mano que empujaba el muñeco hacia ella, describió la de un hombre fuerte. Esa mano ejercía una gran fuerza y no había manera de reducir la presión, por más que ella lo intentara procurando escapar. Le pedí entonces que describiera el brazo al que pertenecía la mano. Finalmente consiguió identificar al hombre en cuestión y mirarlo a los ojos. Entonces simplemente, manteniendo su mirada, le pidió que dejara de presionarla y él lo hizo. Daba la impresión de que él no era consciente de la presión que ejercía y tampoco tenía la intención de causarle ningún mal. Por ello resultó muy sencillo negociar y encontrar otras vías de solución a los intereses de ambos. Sus malestares desaparecieron por completo, como si fuera magia. Ella estaba muy asombrada. No encontraba explicación. Le parecía increíble. Se encontraba muy bien, sin necesidad de tomar ninguna pastilla.

9. Hacia la primavera del año 2013 me propusieron ayudar a una mujer sueca de treinta y dos años. Presentaba una serie de trastornos alimenticios que le impedían comer algo diferente a café con leche y galletas. Después de charlar un poco sobre su trayectoria de vida y descubrir varias etapas difíciles, con relaciones muy conflictivas, nos centramos en observar y dar forma a las sensaciones que tenía en su abdomen. Consiguió definir una serie de objetos clavados imaginariamente en él, como justificación de las molestias que experimentaba. Pero todos ellos estaban conectados por unas raíces internas que terminaban en el hígado. Procedí entonces a extirpar cuidadosamente esos objetos, quemando con un «ácido imaginario» las conexiones que los sujetaban y unían al hígado. Después sacamos esas raíces y limpiamos completamente la zona afectada con una especie de rayo luminoso, que ella identificó con el color violeta. Concluida esta fase, le hice imaginar que se encontraba volando a la vez que se

193

hacía más y más ligera, como si se tratara de una nube. Tras reforzar sus sensaciones de libertad y bienestar, la hice regresar imaginariamente a las diferentes etapas conflictivas de su vida para ir liberándolas y llenándolas de luz, desde esa misma sensación que experimentaba en ese momento. A esta parte le dedicamos más de media hora, insistiendo en formalizar los detalles de las personas y los lugares relacionados con aquellos momentos difíciles y de sufrimiento emocional. Finalmente, regresamos a su cuerpo y la hice recuperar completamente la conciencia y el control de éste. Al abrir los ojos y observarse, quedó muy sorprendida al comprobar que la zona de su hígado y la parte del vientre donde antes sentía las molestias se encontraba completamente mojada. Toda la ropa estaba impregnada por un sudor muy intenso y extrañamente localizado, frente al resto de su cuerpo que mantenía seca la piel. Yo mismo jamás había presenciado nada semejante. Sus molestias habían desaparecido, pero al mismo tiempo resultaba evidente que hubo una reacción completamente física en directa correspondencia con el ejercicio que acabábamos de hacer.

10. Atendí a finales del 2013 a una mujer norteamericana, de veintiocho años, abogada. Fue por recomendación de su madre, a la que yo había ayudado en otra ocasión. Aparentemente lo tenía todo: belleza, inteligencia, buena posición, reconocimiento profesional y un gran futuro por delante. Pero había algo en su interior que la hacía sentirse insatisfecha en el terreno afectivo. Eso le generaba problemas con sus padres y con los hombres con los que se relacionaba. Pero no le gustaba hablar del tema con nadie; prefería centrarse siempre en asuntos sociales e intereses ajenos a sus sentimientos. Sin embargo, cuando yo le expliqué que trabajaba en forma simbólica y que no era necesario hablar de sus experiencias reales, comenzó a encontrarse segura. Por otra parte, el hecho de la distancia que establecía el vínculo profesional y el respeto mostrado hacia su

derecho a preservar su intimidad le ayudaron a abrirse. Entonces declaró que había muchos asuntos afectivos, deseos y necesidades que siempre le hubiera gustado consultar y aclarar, pero nunca había encontrado la ocasión para hacerlo, ni siquiera con su madre. Estaba claro que existían aún en ella una serie de condicionantes debidos a creencias morales que la bloqueaban. Era joven, se había centrado siempre en sus estudios y necesitaba madurez emocional. Pero esta madurez la había buscado a través de aferrarse a normas morales rígidas, lo cual había producido una reacción de «encorsetamiento» que la asfixiaba. Ése era su verdadero problema, aunque no se lo dije así para evitar la resistencia defensiva hacia sus creencias. Lo trabajamos simbólicamente, a través del código, ayudándola a dar forma a ese corsé o estructura rígida exterior que la envolvía, para después proceder a liberarla de ella y fortalecer sus estructuras internas haciéndola sentir sus huesos firmes y suficientemente articulados para evitar la rigidez. Este problema es bastante habitual. Suelo utilizar para explicarlo en grupo la metáfora de los crustáceos. Su base filosófica es que el proceso de socialización en el que nos encontramos inmersos desde que nacemos nos hace sentir íntimamente débiles y nos enseña a proteger tal debilidad a través de las instituciones, leyes, creencias y normas de conducta externas. Éstas forman parte de aquello a lo que Freud llamaba el «Superego» y que yo asocio imaginativamente con el caparazón de los crustáceos. Para madurar como personas adultas libres y felices, necesitamos, en primer lugar, darnos cuenta de esa condición de crustáceos primarios para convertirnos en vertebrados humanos, lo cual implica asumir que la parte fuerte que nos proporciona la seguridad no está fuera, sino dentro: por ello somos vertebrados. Nuestro esqueleto es interior y no exterior. Eso nos permite disfrutar de la sensibilidad y el gozo en la piel. No obstante, este razonamiento no es suficiente para resolver el problema, como en el caso de la abogada. Se necesita primero actuar desde el código emocional de forma simbólica, hacer sentir la liberación a través de la transformación dialogada, para poder después explicar el concepto y convertirlo así en conductas cotidianas voluntarias. Así fue como procedí y como se resolvió en una sola sesión, en este caso, ayudándola a tomar plenamente las riendas de su vida.

En todos los casos expuestos, la duración de los procesos fue de entre sesenta y noventa minutos. Algunas de estas sesiones personales se desarrollaron en español, otras en inglés y también hubo muchas otras con traducción al sueco. En estos últimos casos, me serví de la ayuda de dos personas diferentes, un hombre y una mujer, que colaboraron en las traducciones de las sesiones construidas en el diálogo imaginativo propio del método de la codificación emocional. Para sorpresa de todos, la efectividad del método se mantuvo también cuando la conversación se llevaba a cabo con la intermediación de la traducción. Las referencias consideradas para las aplicaciones de la técnica aquí expuesta, como desarrollo evolutivo y depurado de otros métodos utilizados con anterioridad, se refieren a los años 2013 a 2015. El número total de casos tratados por ciudades y países, en estos años, ha sido:

Austin (Texas-EE. UU.) 7
Cuenca (España) 23
Gotemburgo (Suecia) 78
Madrid (España) 15
Miami (Florida-EE. UU.) 27

De estos 150 casos, el 78 por 100 se resolvió en una sola sesión. El 20 por 100 necesitó más de una, con un límite máximo de 7. Sobre el 2 por 100 restante no se tiene constancia de una mejoría aparente. Pero en estos últimos, se constata la presencia mantenida de cierta situación profesional o social estresante y que no podían cambiar, por motivos ajenos a su voluntad, que continuamente retroalimentaba los procesos y regenera los síntomas.

Síntesis y conclusiones

1. El código de las emociones es un lenguaje natural.
2. Es aplicable a todos los seres humanos, independientemente de su lengua de origen.
3. Este código es el origen del lenguaje de los sueños y las metáforas poéticas.
4. Está compuesto por una serie de elementos simbólicos referenciales de tipo analógico-sensorial y unas reglas innatas de funcionamiento.
5. En él están implicados elementos, además de lo anterior, tonos melódicos y gestos.
6. Su aplicación permite la transformación rápida de estados emocionales.
7. Esta aplicación transformadora ha de ser dialogante y constructivista.
8. Su uso genera una alteración de la conciencia habitual que puede ser breve y ligera o prolongada y profunda, con una gama amplia de grados intermedios.
9. La alteración profunda se identifica con estados de trance o éxtasis místico.
10. El mismo código permite comprobar la eficacia del resultado.
11. Cuando la aplicación transformadora es correcta, genera siempre una sonrisa natural, serena y agradable.

12. Para que la transformación emocional sea permanente, conviene realizar una inducción previa, practicarlo en estado de inmovilidad y retroalimentarlo de forma espontánea a través de sensaciones de satisfacción.

Bibliografía

BONANNO, G. A. (2004): «Loss, trauma and human resilience: Have we underestimated the human capacity to thrive after extremely aversive events?», *American Psychologist,* 59, pp. 20-28.

CASAS DE PEREDA, M.: *En el camino de la Simbolización, Producción del sujeto psíquico.* Paidós, Buenos Aires, 1999.

CASSIRER, E.: *Antropología Filosófica.* Fondo Cultura Económica, México, 1945.

CSIKSZENTMIHALYI, M.: *Fluir (Flow). Una Psicología de la Felicidad.* Kairós, Barcelona, 1997.

DE LA FUENTE, J.: «Taller de mejora personal: aprendemos a regular nuestros pensamientos, sentimientos y acciones». En M. Álvarez y R. Biquerra (Coord.). *Manual de Orientación y Tutoría.* Praxis, Barcelona, 2000.

DE LA FUENTE, J., JUSTICIA, F. y BERBEN, A. B. (2005): «An interactive Model Regulated Teaching and Self-Regulated Learning». *The International Journal of Learning,* 12 (7), pp. 217-226.

EKMAN, P.: *Cómo detectar mentiras: una guía para utilizar en el trabajo, la política y la pareja.* Paidós, Barcelona, 1991.

—: *¿Qué dice ese gesto?* Integral, Barcelona, 2004.

ELIADE, M.: *Mito y Realidad.* Kairós, Barcelona, 1999.

FREUD, S.: *Proyecto de psicología,* en Obras Completas, vol. I, Amorrortu Edit., Buenos Aires,1976.

—: «Apéndice C». *Palabra y cosa,* en Obras Completas, vol. XIV, Amorrortu Edit., Buenos Aires, 1976.

—: *Lo inconsciente,* en Obras Completas, vol. XIV, Amorrortu Edit., Buenos Aires, 1976.

GARDNER, H.: *Arte, mente y cerebro.* Paidós Studio Basica, Buenos Aires, 1987.

GENDLIN, E. T.: *Focusing.* Libros Bantam, Nueva York, 1981.

GRAVES, R. (1986). *La Diosa Blanca,* vol. 1. Alianza Ed., Madrid, 1986.

HERRÁN GASCÓN, A. de la: *El siglo de la educación.* Hergué, Huelva, 2003.

IRIARTE REDIN, C.; ALONSO-GANCEDO, N. y SOBRINO, A. (2006): «Relaciones entre el desarrollo emocional y moral a tener en cuenta en el ámbito educativo: propuesta de un programa de intervención». *Revista Electrónica de Investigación Psicoeducativa,* N.º 8, vol. 4 (1), pp. 177-212.

JUNG, C. G.: *Símbolos de transformación.* Paidós, Barcelona, 1982.

HIRSCHI, T. (2004). *Self-control and crime.* In R. F. Baumeister & K. D. Vohs (Eds.), Handbook of self-regulation: Research, theory and applications. Nueva York: Guilford Press.

LACAN, J.: *En memoria de E. Jones, Sobre la teoría del simbolismo en Escritos II,* Siglo XXI Editores, México,1975.

LAÍN ENTRALGO, P.: *La curación por la palabra en la antigüedad clásica.* Revista de Occidente, Madrid, 1958.

LAKOFF, G. y JOHSON, M.: *Metáforas de la vida cotidiana.* Cátedra, Madrid, 2009.

LÓPEZ BENEDÍ, J. A.: *Cómo interpretar los sueños.* Ediciones Obelisco, Barcelona, 1991.

—: *La preñez congénita.* Casa Horus, Madrid, 1992.

—: *Hipnosis-Sofrología.* Ediciones Obelisco, Barcelona, 1996.

—: *Reír, para vivir mejor.* Ediciones Obelisco, Barcelona, 2005.

—: *Regresiones.* Ediciones Obelisco, Barcelona, 2008.

—: *El corazón inteligente.* Ediciones Obelisco, Barcelona, 2009.

—: *La comunicación integral.* Ediciones Obelisco, Barcelona, 2013.

MARÍN, C. y CARRÓN, R. (2002): «The origin of the concept of somatization». *Psychosomatics,* 43, pp. 249-250.

MARTÍNEZ, I.: *El primate que quería volar.* Espasa, Barcelona, 2012.

MILLER, W. R., BROWN, J. M. (1991): «Self-regulation as a conceptual basis for the prevention and treatment of addictive behaviors». En: HEATHER N, MILLER WR, GREELY J, editors. *Self-control and the addictive behaviours.* Maxwell Macmillan, Sidney, pp. 3-79.

PIÑUEL, I. y OÑATE, A.: *Mobbing escolar: Violencia y acoso psicológico contra los niños.* CEAC, Madrid, 2007.

PLATÓN: *Diálogos.* Gredos, Madrid, 1988.

POPPER, K. R.: *El yo y su cerebro.* Labor Universitaria, Barcelona, 1982.

RICOEUR, P.: *Temps et récit. Tome III: Le temps raconté.* Le Seuil, París, 1985.

ROSEN, J. N.: *Psiquiatría psicoanalítica directa.* Biblioteca Nueva, Madrid, 1978.

—: (1981). *Direct Psychoanalysis.* En R. J. Corsini (ed.), Handbook of innovative psychotherapies. John Wiley & Sons, Nueva York, pp. 241-251.

—: *Psicoanálisis directo.* 2 tomos. Biblioteca Nueva, Madrid, 1975,1977.

SHEPHERD, G. M.: *Neurobiología.* Labor, Barcelona, 1990.

SCHMEICHEL, B. J. y BAUMEISTER, R. F. (2004). Self-regulatory strength. In R. F. Baumeister and K. D. Vohs (Eds.), Handbook of self-regulation (pp. 84-98). Guilford Press, Nueva York.

SOSA CORREA, M. (2008): *Escala autoinformada de inteligencia emocional (EAIE). Validación de la escala de inteligencia emocional autoinformada.* Tesis doctoral. Departamento de Psicología Básica II. Procesos Cognitivos. Universidad Complutense de Madrid.

STEKEL, W.: *Peculiarities of behaviour* (Volumen I-II). Williams & Norgate, Londres, 1925.

TABUCCHI, A.: *Autobiografías ajenas, poéticas a posteriori.* Anagrama, Barcelona, 2006.

VEYNE, P.: *Les Grecs croyaient-ils à leurs mythes?* Seuil, París, 1983.

ZAMBRANO, M.: *El hombre y lo divino.* Fondo de Cultura Económica, México, 1955.

ZIMMERMAN, B. J.: (2002). *Becoming a self-regulated learner: an overview.* Theory into Practice. 41 (2), pp. 64-70.

ZULLIGER, H.: *Fundamentos de psicoterapia infantil.* Morata, Madrid, 1981.

Índice